Rolf Zerfaß

Lektorendienst

15 Regeln
für Lektoren und Vorbeter

Paulinus-Verlag

CIP-Titelaufnahme der Deutschen Bibliothek

Zerfaß, Rolf:
Lektorendienst: 15 Regeln für Lektoren und Vorbeter /
Rolf Zerfaß. – 7., überarb. Aufl., (25. – 30. Tsd.) –
Trier: Paulinus-Verl., 1991

ISBN 3-7902-0109-X

Alle Rechte vorbehalten
© Paulinus-Verlag Trier 1965
7., überarbeitete Auflage 1991
(25. – 30. Tsd.)
Herstellung: Paulinus-Druckerei GmbH, Trier
Umschlaggestaltung: Ludwig Nollmeyer
ISBN 3-7902-0109-X

INHALTSVERZEICHNIS

III. DER DIENST AM WORT

Körperhaltung

Hörerkontakt

Stimme

Verständlichkeit

EINLEITUNG

Wer sich wenig für Sport interessiert, mag den Eindruck haben, ein Fußballspiel sei kein Kunststück: Was bleibt dem Ball schon anders übrig, als von einem Spieler zum andern und zwischendurch auch mal ins Tor zu rollen? In Wirklichkeit bedarf es einer Menge recht komplizierter Spielregeln, wenn ein Spiel sich entfalten soll. Regeln, die nicht zu streng sein dürfen — weil sonst der Schiedsrichter zu oft abpfeifen muß; nicht zu lasch, damit das Spiel nicht in eine Rauferei ausartet. Regeln, an die sich jeder Mitspieler halten muß, wenn ein Zusammenspiel zustande kommen soll; die er kennt und anerkennt, weil sie vernünftig und begründet sind. Die Regeln sind nicht das Spiel, aber ohne sie gibt es kein Spiel; je besser man sie beherrscht, um so freier kann man sich dem Spiel hingeben.

In diesem Buch finden Sie Regeln, die im Untergrund wirksam sind, wenn in der Kirche gut gelesen und gut vorgebetet wird. Es sind Gesetze, die Sie kennen und an die Sie sich halten müssen, wenn Sie wollen, daß Ihr Wort nicht nur die Ohren, sondern auch das Herz der Hörer erreichen soll. Je mehr sie in Fleisch und Blut übergehen, um so freier werden Sie sich in den Dienst am Wort geben können.

Allerdings, wie zum Sport nicht nur die Kenntnis der Regeln gehört, sondern auch Spaß am Sport und eine faire Gesinnung, so gehört auch zum Lektorendienst eine ganz bestimmte innere Einstellung. Man kann sie nur schwer beschreiben. Ganz wesentlich gehört dazu die Freude an dieser Aufgabe, der Wunsch, mitzuteilen, aber auch Bescheidenheit und Gelassenheit. Am besten kennzeichnen vielleicht die kurzen Geschichten und Sprüche, die den einzelnen Regeln angefügt sind, diese Haltung. Sie stammen teils aus der Heiligen Schrift, teils aus dem Mund von Menschen, die vor uns bereits Diener des Wortes waren, Juden und Christen, und die – so scheint es – durch diesen Dienst am Wort andere Menschen geworden sind.

Seit dieses Büchlein vor 25 Jahren erschien, sind wir ein gutes Stück weitergekommen. Die graphische Gliederung der Lesetexte in den neuen Meßlektionarien und in der neuesten dreibändigen Ausgabe des Schott-Meßbuchs haben den Lesevortrag erheblich erleichtert. An Stelle der Meßdiener sind allenthalben Erwachsene in die Lektorenrolle eingerückt. Leider sind die Frauen noch immer in der Minderheit, d. h. das überdurchschnittliche Engagement der Frauen in unseren Gemeinden (besonders im Bereich der Sakramentenkatechese und der Caritasarbeit) kommt in unseren Gottesdiensten nicht angemessen zum Ausdruck. Wie sollen wir aber „eine Kirche aus Männern und Frauen" werden, wenn wir nicht jeden kleinen Schritt in dieser Richtung nutzen? Wie soll sich das Bewußtsein von der Würde und Gleichwertigkeit der Frauen in unseren Gemeinden und in der Gesellschaft durchsetzen, wenn das öffentliche Mitwirken der Frauen in unseren Gottesdiensten nicht ebenso selbstverständlich wird wie in den Kirchen der Dritten Welt? Die Mikrofonanlagen in unseren Gotteshäusern haben alle äußeren Voraussetzungen geschaffen. Dies Büchlein möge helfen, etwa noch vorhandene innere Unsicherheiten zu überwinden.

So sei diese überarbeitete Neuauflage des „Lektorendienstes" den Frauen gewidmet, die den Mut aufbringen, in der Gemeinde den Mund aufzutun, und den Priestern, die sie zu Wort kommen lassen.

I. DER AUFTRAG

Moses aber sprach zum Herrn: ,,Ach, Herr, ich bin kein be-
redter Mann; ich war es von jeher nicht und bin es auch jetzt
nicht, seitdem du mit deinem Knecht redest, sondern
schwerfällig ist mein Mund und meine Zunge."

Da sprach der Herr zu ihm: ,,Wer hat dem Menschen den
Mund geschaffen? Oder wer macht ihn stumm oder taub
oder sehend oder blind? Bin nicht ich es, der Herr? So gehe
nun hin: Ich will mit deinem Munde sehen und dich lehren,
was du sagen sollst." Ex 4, 10–12

Und er sprach zu ihnen: ,,Ziehet in alle Welt! Bringt die frohe
Nachricht allen Menschen. Wer glaubt und die Taufe emp-
fängt, wird gerettet. Wer nicht glaubt, wird verurteilt. Die
Glaubenden werden diese Wunder tun: In meinem Namen
werden sie böse Geister austreiben und in neuen Sprachen
reden!"

Nachdem Jesus, der Herr, so zu ihnen gesprochen hatte,
wurde er in den Himmel aufgenommen und setzte sich neben
Gott.

Die Jünger aber zogen aus und verbreiteten die Frohe Bot-
schaft überall. Und der Herr wirkte mit ihnen und gab ihrem
Wort Gewicht durch gleichzeitige Wundertaten.
Mk 16, 15–20

ERSTE REGEL

Beim Gemeindegottesdienst das Wort Gottes aus der Heiligen Schrift vorzulesen und Gebete zu sprechen, ist ein Dienst unter vielen Diensten und Berufungen, von denen die Gemeinde lebt.

Die Vielzahl der Dienste und Berufungen, die wir seit dem Konzil in unseren Gemeinden wiederentdecken und zur Geltung bringen, ist ein großer Reichtum für unsere Gemeinden – und wirft doch schon seit den Tagen der frühen Kirche die Frage auf, welcher Dienst der wichtigste, bedeutsamste sei. Paulus sieht die Lösung im Gleichnis vom Leib (vgl. 1 Kor 12–14): ,,Das Auge kann nicht zur Hand sagen: Ich brauche dich nicht! Oder der Kopf zu den Füßen: Ich brauche euch nicht!" Weil der Dienst des Lektors optisch besonders zur Geltung kommt, ist der Lektor in Gefahr, sich selbst zu wichtig zu nehmen und andere, verborgene Dienste geringzuschätzen. In Wirklichkeit sind wir, welche Aufgabe uns auch zufällt, vor allem Werkzeug und Mitarbeiter Gottes. Das macht die Würde und auch den Ernst jeden Dienstes aus.

Der wechselseitigen Auferbauung der Gemeinde dienen unsere unterschiedlichen Begabungen auch im Gottesdienst: die Fähigkeit, sich dem Geist Gottes zu öffnen, aus dem Geist Gottes heraus zu sprechen, die Fähigkeit, das Gehörte zu prüfen, ob es aus Gott ist, die künstlerischen Begabungen, Musikalität, Stimme, Gestus und Gestalt.

Darum ist zu begrüßen, daß der Lektorendienst nun grundsätzlich auch Frauen offensteht; die geradezu schicksalhafte Rolle, die ihnen von jeher in den Familien als Vermittlerin der Frohen Botschaft an das Kind zukommt, wird so gewissermaßen in der Öffentlichkeit des Gemeindegottesdienstes symbolisch sichtbar. Ihre besonderen Begabungen, sich in Texte einzufühlen, sie zu interpretieren, dabei Kontakt zum Hörer zu finden, ihre besonderen sprachlichen und stimmlichen Ausdrucksmöglichkeiten sind uns aus Hörspiel und Fernsehen längst vertraut, sind aus Dichtung und Theater überhaupt nicht wegzudenken. Sie sollen – nachdem alte kulturgeschichtlich begründete Barrieren (vgl. 1 Kor 11, 2–16; 14, 34–35) endlich gefallen sind – nun auch den Gottesdienst der Gemeinde bereichern. (Auch wenn im folgenden der Einfachheit halber von ,,dem Lektor" die Rede ist, sind darum Frauen immer mitgemeint.)

Als dem Propheten Jesaja in der Stunde seiner Berufung die Herrlichkeit Gottes enthüllt wurde – unter Erdbeben, Licht und Rauch, zwischen Feuerengeln mit gewaltigen Schwingen –, rief er: ,,Jetzt ist es aus mit mir; ich habe Gott gesehen – und bin doch ein Mensch mit unreinen Lippen unter einem Volk mit unreinen Lippen." Und was geschah dann? Jesaja erzählt: Da kam einer der Feuerengel auf mich zu. Mit einer Zange hielt er eine glühende Kohle aus dem Feuer vor Gottes Altar. Damit glühte er mir den Mund aus. ,,Deine Schuld ist fort", sagte er. Da hörte ich die Stimme des Herrn selber: ,,Wen soll ich senden? Wer wird gehen?" Ich rief: ,,Sende mich!" Und er sprach: ,,So geh, und sprich zu diesem Volk!" (Jesaja 6, 1–9).

Der Prophet hat sich nicht geschämt, seinen Schülern weiterzuerzählen, daß seine erste Reaktion auf Gottes Ruf das Gefühl der Schuld gewesen war; das Gefühl, er könne Gott seinen Mund nicht anbieten.

Kann ich es? Ich spreche doch auch ,,zu diesem Volke", wenn ich das Lektorenbuch aufschlage. Habe ich einen reinen Mund? (Was redet man nicht alles im Lauf einer Woche . . . Wieviel törichtes Zeug ist dabei, Dinge, die nicht stimmen oder die andere unnötig verletzen.)

Vor allen Leuten kommt am Sonntag über meine Lippen Gottes heiliges Wort. Und die Menschen hören zu; Männer, Frauen, meine Angehörigen hören mir zu, aufmerksam für das, was ich zu sagen habe. Und keiner sagt: „Was will denn der da vorn?" Solches Ansehen hat, wer in der Kirche Gottes Wort verkünden darf.

Sooft es mich bedrückt, daß meine Lippen nicht rein sind, bitte ich den Herrn, daß er mir Mund und Herz ausglüht, daß er die Schuld aus meinem Innern brennt. Mit welchem Feuer? Mit dem Feuer seines Geistes, der unsere Schuld tilgen kann und der „die Zungen reden macht". Denn: „Niemand kann sagen: Herr ist Jesus, außer im Heiligen Geist" (1 Kor 12, 3).

Ein altes Gebet für den Priester und den Diakon vor der Lesung des Evangeliums lautet:
Reinige mein Herz und meine Lippen, allmächtiger Gott, wie du die Lippen des Propheten Isaias mit glühender Kohle gereinigt hast.
Ja, reinige mich gnädig in deinem liebevollen Erbarmen, damit ich deine Frohe Botschaft würdig verkünde. Amen.

Es wird erzählt, ein Rabbi sei einmal an der Schwelle eines Bethauses stehengeblieben, habe nicht eintreten wollen und habe im Widerwillen gesprochen: „Da kann ich nicht hinein. Das Haus ist ja randvoll von Lehre und Gebet." Und als sich die Begleiter verwunderten, weil ihnen schien, es könne kein größeres Lob geben als dieses, deutete er es ihnen: „Die Worte, die hier von den Leuten tagsüber ohne die wahre Andacht, ohne Liebe und Barmherzigkeit gesprochen werden, haben keine Flügel. Sie bleiben zwischen den Mauern, sie hocken am Boden, sie breiten sich Schicht auf Schicht wie moderndes Laub, bis der Mulm das Haus vollgepfropft hat und für mich darin kein Platz mehr ist."

II. DIE VORBEREITUNG

Es geschah einmal, daß der Synagogenwärter den Rabbi Aqiba (gest. um 135 n. Chr.) aufrief, öffentlich aus der Heiligen Schrift in der Gemeinde vorzulesen. Er aber wollte nicht hinaufgehen. Hinterher sprachen seine Schüler zu ihm: ,,Unser Lehrer, hast du uns nicht gelehrt: ,Die Heilige Schrift ist dein Leben und die Länge deiner Tage'? Warum hast du dich geweigert, entsprechend zu handeln?"

Er antwortete ihnen: ,,Beim Tempeldienst! Ich habe mich geweigert, vorzulesen, weil ich diesen Abschnitt nicht zwei- oder dreimal vorher durchgegangen war; der Mensch darf die Worte der Heiligen Schrift vor der Gemeinde nicht sagen, bevor er sie nicht zwei- oder dreimal vor sich selbst vorgetragen hat.

Denn so finden wir es auch bei Gott, der allen Menschen das Wort der Zunge verleiht und vor dem die Heilige Schrift offenbar ist wie Sternenlicht: Als er im Begriffe war, sie den Israeliten zu geben, heißt es von ihm: ,Er sah sie an und sagte sie auf, stellte sie fest und durchforschte sie' (Hiob 28, 27), und dann erst heißt es: ,Er sagte sie dem Menschen' (V. 28).

Ebenso steht geschrieben: ,Es redete Gott alle diese Worte', nämlich vor sich selbst, und dann folgt: ,um sie zu sagen' (2. Mose 20, 1), öffentlich, dem Volk."

ZWEITE REGEL

Was man nicht verstanden hat, das kann man auch nicht vorlesen. Darum muß man sich zu Hause gründlich vorbereiten.

Rundfunk- und Fernsehsprecher verdienen eine Menge Geld, weil sie lesen können! Gut lesen heißt so lesen, als ob überhaupt nicht gelesen würde. Als ob der Vorleser mit seinen eigenen Worten etwas erzählen würde.

Gut lesen kann man nur das, was man so gut verstanden hat, als ob man es selber verfaßt hätte. Verstehen geht aber nicht ohne Nachdenken. Und Nachdenken braucht Zeit. Also braucht man unbedingt Zeit, um einen fremden Text so vorzubereiten, daß man ihn gut lesen kann.

Auf Anhieb einen fremden Text richtig vorzulesen ist ein Kunststück – selbst für einen Rundfunksprecher. Das ist jedenfalls die Ansicht der Rundfunkanstalten. Warum sonst verpflichten sie sich, ihren Sprechern zur Vorbereitung im Normalfall doppelt soviel Zeit zur Verfügung zu stellen, als sie für ihre Sendung benötigen? Obwohl Nachrichtensprecher wahrhaftig lesen können. (Sie werden ausgesiebt wie Flugzeugpiloten.)

Das mag uns trösten, aber hoffentlich macht es auch nachdenklich. Wir vergehen uns an Gottes Wort und an den Menschen, die uns zuhören, wenn wir uns zutrauen, ohne Vorbereitung vorzulesen. Wie soll den Leuten unser Wort zu Herzen gehen, wenn wir selbst nicht verstanden haben, was wir vorlesen?

In der Sakristei ist morgens, zehn Minuten vor dem Gottesdienst, keine Zeit mehr. Deshalb sollte man schon am Abend vorher daheim das Schott-Meßbuch aufschlagen und alle Stücke laut lesen.

Es gibt eine gute Kontrolle, ob Sie den Text verstanden haben. Klappen Sie nach jedem zweiten Satz das Buch zu und sagen Sie mit eigenen Worten, was Sie eben gelesen haben. Nicht mit den gleichen Worten wie im Buch, sondern mit neuen und eigenen Worten; als ob Sie einem Freund erzählen wollten, was Paulus meint. Wer das kann, dem wird man auch in der Kirche anmerken, daß er verstanden hat, was er sagen will.

Wenn wir eine Sache gut verstanden haben, sagen wir vielleicht: „Das habe ich gefressen; das habe ich intus." Dem Propheten Hesekiel hat Gott drastisch klargemacht, daß man sein Wort verstanden haben muß, ehe man es anderen verkündet. Hesekiel erzählt:

„Mach deinen Mund auf", sprach er zu mir, „und iß, was ich dir gebe!" Und ich sah, wie sich eine Hand gegen mich ausstreckte, und in ihr war ein Buch. Und er breitete es vor mir aus, und es war beidseitig beschrieben. Und er sprach zu mir: „Mensch, iß dieses Buch auf; dann gehe und rede zum Hause Israel." Da machte ich meinen Mund auf, und er gab mir das Buch zu essen. Und er sprach zu mir: „Mensch, stärke deinen Leib, und fülle dein Inneres mit dem Buch, das ich dir gebe." Da aß ich, und das Buch schmeckte so gut wie Honigwaben. Dann sprach er zu mir: „Mensch, jetzt steh auf und gehe zum Hause Israel und sage ihnen mein Wort" (Hes 2, 8–3, 4).

Einst kamen Mönche zu Abbas Antonios in die Wüste, und auch Abbas Joseph war unter ihnen. Der Mönchsvater wollte sie auf die Probe stellen. Er legte ihnen ein Wort aus der Heiligen Schrift vor und begann sie zu fragen, angefangen bei den Jüngsten: „Was bedeutet dieses Wort?"

Und jeder redete, so gut er konnte. Der Mönchsvater aber sprach zu jedem: „Du hast es noch nicht gefunden."

Zuletzt fragte er Abbas Joseph: „Was besagt dieses Wort nach deiner Meinung?" Der antwortete: „Ich weiß es nicht!"

Da sprach Abbas Antonios: „Abbas Joseph ist auf dem richtigen Weg, weil er gesagt hat: Ich weiß es nicht."

DRITTE REGEL

**Wer nur leise mit den Augen durchliest, was er vorberei-
ten will, wird in der Kirche versagen.**
**Erst, wenn man laut liest, merkt man die Tücken eines
Textes – und seine Schönheit und Kraft!**

Das ist leicht einzusehen. Es geht uns nämlich beim Lesen
wie den viel bespöttelten „Fernsehsportlern". Theoretisch
sind sie gut. Aber wehe, wenn man sie auf einen Sportplatz
stellen würde! Sie sind begeisterte Fußballfreunde – aber sie
finden sich nur mit den Augen auf dem Spielfeld zurecht, nicht
mit den Beinen.

Genauso geht es uns mit dem Lesen. Unsere Augen sind flott
dabei, aber unsere Zunge ist lahm. Wir können mit großer Ge-
schwindigkeit eine Seite überfliegen, aber wir sind nicht trai-
niert, „zur Sprache zu bringen", was wir mit den Augen aufnehmen. Wir sind nicht geschult, was wir „im Augenblick" auf-
lesen, so von uns zu geben, daß es eine Freude wäre, uns zu-
zuhören. Wir stocken und stottern, weil wir die Sätze nicht
richtig übersehen, an der falschen Stelle Pausen machen, ne-
bensächliche Worte betonen. Schon der bloße Gedanke, daß
man uns zuhört, bringt uns ins Schwitzen und läßt uns den
Atem ausgehen.

Deshalb sagen die Sprecherzieher: Leises Lesen ist keine
Vorbereitung. Wer leise liest, übt ja nur wieder seine Augen
und seinen Verstand. Da liegt aber der Fehler gar nicht, sondern in der Schwerfälligkeit unserer Artikulation, in dem man-
gelhaften Zusammenspiel zwischen Augen, Gehirn, Stimme,
Zunge und Atem! Darum ist leises Lesen als Übung so wertlos
wie Kraulbewegungen im Sand. Davon lernt kein Mensch
schwimmen.

Noch etwas kann der Vergleich mit dem Fernsehen klarma-
chen. Wer jemals bei einem Länderspiel oder bei einem Ka-
tholikentag selbst dabei war, war mit der Fernsehübertragung

schwerlich zufrieden. Ihm wurde bewußt, wie wenig von der Atmosphäre eingefangen werden kann, wie ausschnitthaft das Fernsehgerät die Wirklichkeit wiedergibt. Er wird sich darüber wundern, daß er sich allabendlich mit dem zufriedengibt, was er am Bildschirm sieht, und gar nicht merkt, daß das nur die halbe Wirklichkeit ist.

Genauso ist, was wir mit den Augen lesen, nur mehr ein schwacher Schatten der lebendigen, klingenden Sprache; ausgefiltert, auf Papier präpariert, für eine spätere Neuinszenierung konserviert. Man überlege nur einmal, was alles an dem Satz:

Na, hör mal, wofür hältst du mich eigentlich?

nicht aufgeschrieben werden kann! Wollte man nämlich im Druckbild auch die Sprechmelodie und die Pausen anzeigen (wie das bei Liedern durch die zusätzliche Notenzeile mit ihren verschiedenen Noten- und Pausenzeichen geschieht), so entstünde etwa folgendes Bild:

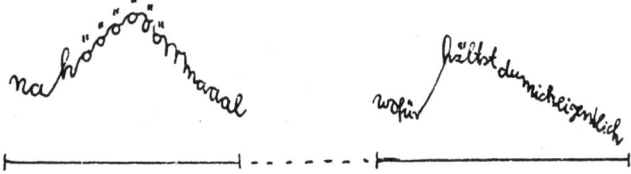

Es entstünden also zwei etwa gleichlange Wortblöcke, die durch eine recht lange Pause voneinander getrennt sind. Die Wortblöcke sind fast gleich lang, obwohl zum ersten nur drei Silben (acht Buchstaben), zum zweiten dagegen acht Silben (27 Buchstaben) gehören. So stark werden beim Sprechen die Worte des ersten Blocks gedehnt! Nehmen wir ein Beispiel: Ein Dreizehnjähriger bittet seinen Lehrer auf dem Schulhof um Feuer. Früher hätte der ihm eine Ohrfeige ange-

15

boten; heute wird er die ersten drei Worte des obenstehenden Satzes ziemlich in die Länge ziehen; er ist perplex und kann deshalb nicht schneller sprechen. Darüber erholt er sich, und so kommt er mit dem zweiten Wortblock schon schneller zurecht. Von alldem gibt das Schriftbild nichts wieder; es setzt in genau gleichmäßigem Abstand Buchstaben neben Buchstaben und Wort neben Wort, obwohl innerhalb jedes Wortblocks die Worte „gebunden" gesprochen werden (d. h. ganz ohne Abstand voneinander) und nur zwischen beiden Wortblöcken die kräftige Besinnungspause klafft.

Wie Sprechtempo und Pause, so verschweigt das normale Druckbild auch die Betonung, die Klangfarbe, den Höhepunkt der Satzmelodie (auf *hör* und *hältst*) und die Lautstärke, in der ein Text (und dann noch einmal das Wichtige im Gegensatz zum Unwichtigen) gesprochen werden soll. All das bleibt der Geschicklichkeit und dem Einfühlungsvermögen des Lesers überlassen. Kann er lesen, so klingt es frisch, natürlich, spannungsvoll. Liest er aber so vor, wie er den Text im Buch aufgeschrieben sieht, klingt es eintönig, als klapperte eine Schreibmaschine. Im Buch stehen ja nur die einzelnen Buchstaben, in Wortgruppen geordnet – gewissermaßen die Knochen, das Totengebein der lebendigen, gesprochenen Worte.

Jede Buchseite – auch die Seite, die Sie im Augenblick lesen – gleicht einem großen Soldatenfriedhof mit Reihengräbern, in denen säuberlich die Knochen jedes Wortes aufgereiht sind. Erst wenn sie laut gesprochen sind, bekommen sie Fleisch, Farbe und Saft und jedes sein eigenes Gesicht. Dann ist „Himmel" auf einmal etwas ganz anderes als „Hummel" oder „Hammel" – obwohl sie sich im Druckbild doch kaum unterscheiden.

Und was kann man alles mit den zwei Buchstaben „so" zum Ausdruck bringen! Wie sehr macht hier der Ton die Musik, je nachdem, ob man das ärgerlich oder freudig überrascht, enttäuscht oder schnippisch, erleichtert, fragend oder befehlend sagt.

16

Lesen heißt also, die Buchstaben, dieses Feld von Totengebein, zum Leben erwecken, wie es der Prophet Hesekiel in einem anderen Gesicht geschaut hat. Da fuhr Gottes Geist in die Gebeine, und sie bekamen Fleisch, Muskeln, Gesichter; Arme und Beine fügten sich zusammen, und schließlich stand ein gewaltiges Kriegsheer da (Hes 37, 1–14).

Auch das Wort der Schrift ist, wenn man nur flüchtig mit den Augen darüberhuscht, lebloses Buchstabengebein; wenn es aber lebendig und gläubig vorgelesen wird, ein stolzes und starkes Heer.

Das Wort des Herrn

Es ist für dich nicht schwer und nicht zu ferne.

Nicht im Himmel ist es, daß du sagen könntest: Wer steigt uns in den Himmel hinauf, um es uns zu holen und zu verkünden, daß wir danach tun?

Auch nicht jenseits des Meeres ist es, daß du sagen könntest: Wer fährt uns über das Meer, um es uns zu holen und uns zu verkünden, daß wir danach tun?

Sondern ganz nahe ist dir das Wort, in deinem Munde und in deinem Herzen, daß du danach tun kannst.   Dt 30, 9–14

VIERTE REGEL

Die Vorbereitung eines Lesungstextes beginnt damit, daß man ihn gliedert. So erhält man einen Überblick und wird sicher.

Wie macht man das, gliedern? Wie die Konditorsfrau die Käsetorte aufschneidet: Zuerst halbiert sie, dann viertelt sie, und dann erst schneidet sie die Kuchenstücke. Würde sie gleich die einzelnen Kuchenstücke herausschneiden, würden die sehr unregelmäßig ausfallen.

Das muß man auch bei der Vorbereitung beachten: Nicht gleich am ersten Satz herumfeilen, sondern nach dem ersten lauten Lesen frage man sich zunächst, wo man Abschnitte machen könnte, weil jetzt etwas Neues beginnt. An diesen Stellen macht man in das Buch mit Bleistift zwei senkrechte Striche nebeneinander (||) – sofern die Herausgeber diese Arbeit nicht schon erledigt haben, weil sie diese Gedankeneinschnitte durch Absätze kennzeichneten. An diesen Stellen muß man beim Vorlesen eine l a n g e   P a u s e machen. Eine Lesung verträgt im Durchschnitt drei bis vier solcher Einschnitte.

Nun kann man sich Absatz für Absatz vornehmen und die einzelnen Kuchenstücke aufschneiden. Das sind die ,,Portionen", die dem Hörer auf einmal zugemutet werden können. Wir sprechen ja nicht umsonst vom ,,Brot" des Wortes Gottes; Hören ist eine Art Essen. Wenn es anschlagen soll, muß es ruhig erfolgen. Der Zuhörer muß sich vorstellen können, was da vorgelesen wird. Er benötigt immerzu kleine Pausen, um den Sinn des Gehörten zu erfassen, Schritt um Schritt. Darum muß der Vorleser in sogenannten S i n n s c h r i t t e n vorlesen. Diese Sinnschritte kann man im Buch durch einen einfachen senkrechten Strich (|) markieren.

Die Sinnschritte sind übrigens für den Vorleser selbst auch von Bedeutung. Auch er muß sich ja vorstellen können, was er liest, und zwar nacheinander. Denn niemand kann zwei Vorstellungen gleichzeitig im Kopf haben. Stellt er sich aber vor, was er liest, so muß er beim Lesen immer ein wenig innehalten, um das innere Bild zu schauen. So entstehen ganz von selbst die k l e i n e n P a u s e n zwischen den Sinnschritten, die auch der Hörer braucht, um sich das Gehörte vorzustellen.

Wie weit reicht nun ein solcher Sinnschritt? Wohin muß ich meine Striche machen? Sicher hinter jeden Punkt und hinter jeden Strichpunkt (Semikolon), denn jeder Satz ist etwas in sich Abgeschlossenes, Hingesetztes. Soweit ist die Sache sehr einfach.

Nun bestehen aber die meisten Sätze aus zwei Sinnschritten (oder mehr). Von den zehn Jungfrauen heißt es zum Beispiel:

Da standen die Mädchen alle auf | und machten ihre Lampen zurecht.

Der Satz enthält zwei Sinnschritte, denn wer ihn hört, muß sich, wenn er ihn verstehen soll, nacheinander vorstellen, wie die schlafenden Mädchen erwachen und wie sie dann ihre Lampen herrichten. Ähnlich beim Jüngling von Nain:

Da richtete sich der Tote auf | und fing an zu reden.

Daß er sich von der Bahre aufrichtet, ist das erste. Er sieht um sich, und alle starren ihn an. Dann beginnt er auf einmal zu reden. Wer also diesen Satz in einem Schwung vorliest, verhindert, daß die Hörer sich das Geschehen lebendig in seinem Verlauf vorstellen können.

In der Regel kann man vor Satzteilen, die mit „und" verbunden sind, eine Pause machen. Denn hier sind zwei selbständige Gedanken, zwei Handlungen, kurz, zwei Sinnschritte miteinander verbunden.

Man lese einmal laut die folgenden Sätze und beachte dabei: Die senkrechten Striche wollen eine kräftige Pause anzeigen (nicht aber, daß jedesmal die Stimme sinkt; darüber handelt die neunte Regel).

Und ich werde heimführen die Gefangenen meines Volkes Israel; | sie werden wieder die verödeten Städte aufbauen | und darin wohnen; | sie werden Weinberge pflanzen | und den Wein davon trinken, | Gärten anlegen | und deren Früchte essen. | Und ich will sie einpflanzen in ihre Heimat | und sie fürderhin nicht mehr aus ihrem Lande ausrotten. (Amos 9, 14)

Er konnte sündigen | und sündigte nicht, | Böses tun | und tat es nicht. || (Eccl 31, 10)

Er wird unseren armseligen Leib umgestalten | und ihn seinem verklärten Leibe ähnlich machen. (Phil 3, 21)

Daß du alle Irrenden zur Einigkeit der Kirche zurückrufen | und alle Ungläubigen zum Licht des Evangeliums führen wollest.

Daß du die Kirche auf dem ganzen Erdenrund behüten | und aus der Hand ihrer Feinde befreien wollest.

Der Prophet, der einen Traum hat, mag seinen Traum erzählen; der aber mein Wort hat, rede getreulich mein Wort!

Was soll das Stroh bei dem Korn? – spricht der Herr. Ist mein Wort nicht wie Feuer? Und wie ein Schmiedehammer, der Felsen zerschmeißt? Jer 23, 28–29

FÜNFTE REGEL

**Das Komma ist kein eindeutiges Pausenzeichen. Manch-
mal muß man es überlesen, manchmal muß man es so
schwernehmen wie einen Punkt oder einen Strichpunkt.
Die alte Leseregel: „Beim Komma geht die Stimme nach
oben" ist irreführend.**

Denn das Komma erfüllt heute zwei Aufgaben, die miteinander recht wenig zu tun haben.

Früher, bis zu Luthers Bibelübersetzung einschließlich, hat
man beim Schreiben nur dort ein Komma – damals noch ein
großer, senkrechter Strich – gemacht, wo man beim Sprechen
eine Pause macht. Das Komma war, wie bis heute der Punkt,
ein Pausenzeichen, das der lebendigen Sprechpraxis ent-
sprach. Es stand also sprechgemäß, und man las richtig,
wenn man bei jedem Komma kurz anhielt. Alle Bibelausga-
ben, die Luther selbst besorgte, waren solche „Sprechtexte".

Dann begann, mit den Humanisten, eine breite Erforschung
der Sprachstruktur. Man klaubte mit viel Scharfsinn Haupt-
und Nebensätze auseinander und machte die neuentdeckten
Grammatikkünste nun auch in den Büchern sichtbar, indem
man (ob man's nun spricht oder nicht) jeden untergeordneten
Satz und jedes nebengeordnete Wort durch ein Komma ab-
setzte. So entstand die zweite Kommagruppe. Sie trat zu der
ersten Gruppe hinzu. Aber es waren jetzt die Gesetze der
Grammatik, die entschieden, wo ein Komma zu setzen sei –
nicht mehr, wie bis dahin, die Gesetzmäßigkeiten der gesprochenen Sprache. So kam es zu einer wachsenden Zahl
„sprechwidriger" Kommas im Text. Sie sind zwar nicht überflüssig! Bei dem Tempo, mit dem wir mit den Augen durch die
Zeilen fegen, wenn wir still im Sessel sitzen und ein Buch ver-
schlingen, geben diese „stummen" Kommas vorzügliche Fin-
gerzeige für das Verstehen des Satzbaus, für die Abhängig-
keit der Satzglieder untereinander! Aber für das Sprechen haben sie keine Bedeutung. Denn das lebendige Sprechen ist

älter als alle Grammatik und hat seine eigenen Gesetze. Unsere heutigen Bibeln sind nicht mehr „Sprechtexte", sondern „Lesetexte" – für das stumme Lesen bestimmt, nicht für den Lesevortrag.

Daraus folgt: Wer heute als Vorleser in seinen Text schaut und unbesehen jedes Komma mit einer kleinen Pause beehrt, liest falsch.

Am besten gewöhnt man sich überhaupt ab, das Komma als Vortragszeichen anzusehen. Ob eine Pause gemacht wird oder nicht, entscheidet nicht das Komma, sondern das hängt davon ab, ob ein Sinnschritt zu Ende geht oder nicht. Geht er zu Ende, so muß man eine Pause machen, auch wenn kein Komma da steht (vgl. die Beispieltexte). Ist der Sinnschritt dagegen noch nicht abgeschlossen, so darf man keine Pause machen, selbst wenn ein Komma steht.

Im einzelnen: Besonders in folgenden vier Fällen ist das Komma ohne Pause zu überlesen, weil der Sinnschritt noch nicht abgeschlossen ist:

1. Vor kurzen Relativsätzen:

Das Haus, wo wir schlafen sollten, | *stand leer.*
Jeder, der sich selbst erhöht, | *wird erniedrigt werden.*
Darum ist das Gute, das er wirkte, | *sichergestellt im Herrn.*

Erklärung: Jeder dieser Sätze hat zwei Kommas; jedoch nicht von gleichem Gewicht. Jedesmal muß das erste Komma überlesen werden. Solche kurzen Relativsätze bilden nämlich mit dem Wort, auf das sie sich beziehen, eine einzige Vorstellung und dürfen deshalb nicht durch eine Pause abgesetzt werden.

2. Vor Inhaltssätzen:

Wir wissen aber, daß das Gesetz gut ist, | *wenn es jemand recht gebraucht (1 Tim 1, 8).*

22

Achtet genau darauf, wie ihr euer Leben führt, | *nicht als Unweise, sondern als Weise.* (Eph 5, 15)

Erklärung: Die Tätigkeiten des Sagens, Glaubens, Wissens, Sehens, Hörens usw. sind gar nicht möglich ohne einen bestimmten Inhalt, der sprachlich im Daß-Satz oder im Was-Satz zum Ausdruck kommt. Deshalb werden solche Inhaltssätze nicht durch eine Pause abgetrennt.

3. Vor Zusätzen:

So spricht Gott, der Herr . . .
In Jesus, dem Verheißenen.
Gott, unserm Vater, | *sei Ehre in Ewigkeit.*

Erklärung: Zusätze werden wie ein Wort gesprochen:

GottunsermVater, JesusdemVerheißenen, GottderHerr.

4. Bei Aufzählungen gleichartiger Begriffe:

Der arme, alte Mann,
Verwandte, Freunde und Bekannte.
Brüder, | *was rein, liebenswert und edel ist,* | *darauf setzet euer Sinnen.*

Erklärung: Aufzählungen gleichartiger Begriffe werden zusammengesprochen, weil hier Dinge aneinandergereiht werden, die dem Sinn nach zusammengehören, also eine einzige Vorstellung, einen Sinnschritt bilden.

Auf diese Weise wird es gelingen, eine so schwere Lesung, wie Galater 5, 16–24, eindrucksvoll und verständlich vorzutragen: Von der langen Reihe der Laster und der Tugenden spricht man immer die gleichartigen ohne Unterbrechung, macht aber kräftige Pausen, wenn der Text eine neue Gruppe nennt sowie zwischen einzelnen, besonders gewichtigen Worten. Lesen Sie laut:

Offenkundig sind die Werke des menschlichen Eigenwillens, | *nämlich: Unzucht, Unreinheit, Ausschweifung,* | *Götzen-*

dienst, | *Zauberei,* | *Feindschaft, Streit, Eifersucht,* | *Zorn,* *Zank, Zwietracht, Spaltungen,* | *Neid,* | *Totschlag,* | *Saufen, Fressen und dergleichen.* | *Ich habe es euch schon oft gesagt und sage es noch einmal:* | *die solche Dinge tun, werden das Reich Gottes nicht erben.* || *Die Frucht des Geistes aber ist Liebe,* | *Freude,* | *Friede,* | *Geduld, Freundlichkeit, Güte,* | *Treue,* | *Sanftmut,* | *Selbstbeherrschung.* | *Gegen all dies ist das Gesetz nicht.* ||*

An diesem Text kann man sich übrigens deutlich die beiden Kommagruppen bewußtmachen. Die Grammatik sagt: Hier sind lauter nebeneinander angeordnete Hauptwörter; deshalb steht nach jedem ein Komma. Das lebendige Sprachempfinden dagegen spürt: Hier sind recht unterschiedliche Dinge in Gruppen gebündelt; deshalb muß ich durch Pausen anzeigen, was zusammengehört. Die meisten Kommas dieses Textes stehen also sprechwidrig und müssen überlesen werden.

Am sichersten findet man im Einzelfall heraus, ob das Komma gehalten werden muß oder nicht, wenn man wieder das Buch zuklappt und den Satz frei spricht. Sagt uns unser Sprachgefühl, daß wir eine Pause machen müssen, so haben wir ein Komma der älteren Gruppe vor uns, und wir können es durch einen senkrechten Strich eindeutig als Pausenzeichen kenntlich machen. Im anderen Fall ist es ein ,,stummes" Komma.

In gar keinem Fall ist das Komma aber ein Melodiezeichen, also ein Hinweis dafür, ob man die Stimme steigen oder fallen lassen muß. Sehr oft kann man nämlich beim Komma die Stimme fast so tief herunternehmen wie bei einem Punkt (siehe unter Regel 9).

Er ging nach Hause, | *er allein.*

Das Anhängsel *er allein* ist ein verkürzter neuer Satz: ,,Er war allein." Also eine neue Vorstellung und deshalb ein eigener Sinnschritt.

SECHSTE REGEL

Auch Doppelpunkt und Anführungszeichen muß man meistens überlesen, wenn man so lesen will, wie man spricht.

Auch sie sind ja keine Pausenzeichen, sondern sie sollen die wörtliche Rede im Schriftbild kenntlich machen. Man könnte das ebenso dadurch erreichen, daß man die wörtliche Rede immer in Schrägdruck oder in roter Farbe setzen würde. Beim Lesen heben wir die wörtliche Rede zwar durch Tonwechsel hervor; aber eine Pause zu machen, ist ein weitverbreiteter, tiefsitzender Lesefehler. Wir haben uns angewöhnt, vor dem Doppelpunkt und dem Anführungszeichen zu scheuen wie ein Pferd vor der Hürde, anstatt – wie beim Sprechen – in einem eleganten Sprung darüberzusetzen. Wir erzählen nämlich nicht vom Seewandel des Petrus:

Petrus begann zu sinken und schrie: | *„Herr, hilf mir!"*

Sondern wir erzählen:

Petrus begann zu sinken | *und schrie: „Herr,* | *hilf mir!"*

Warum sprechen wir so? Nun, einen Petrus, der nur schreit, kann man sich nicht vorstellen. Wenn er nämlich überhaupt ruft, dann hört man sofort auch, was er ruft. Erst den Petrus, der „Herr!" schreit, kann man sich vorstellen. Also ist auch erst nach dem Wort „Herr" der Sinnschritt zu Ende. Gleiches gilt für die folgenden Beispiele:

Und Jesus sagte zu ihnen: „Folgt mir nach, | *ich will euch zu Menschenfischern machen."*

Als Jesus das sah, wurde er unwillig | *und sagte zu ihnen: „Laßt die Kinder zu mir kommen* | *und hindert sie nicht daran."*

Versuchen Sie, den Satz auswendig zu erzählen, und Sie werden merken, daß die Pausenzeichen richtig notiert sind.

Wenn Sie lesen:

Als Jesus das sah, | *wurde er unwillig und sagte zu ihnen:* | *„Laßt die Kinder ...",*

können die Hörer nicht folgen, weil sie durch die Pausen daran gehindert werden, sich die richtigen, zusammenhängenden Sinngebilde vorzustellen.

Ist dagegen die Einleitung zur wörtlichen Rede betont lang und feierlich, so macht man die Pause beim Doppelpunkt; z. B.:

Und es erging an mich das Wort des Herrn: | *„Jeremia,* | *was siehst du?"*

Und er tat seinen Mund auf, lehrte sie und sprach: | *„Wohl denen, die vor Gott arm sind;* | *denn ihnen gehört das Himmelreich!"*

Wir können die Regeln für das Gliedern eines Textes zusammenfassen: Man gehe immer vom Ganzen aus, denn es ist früher als die Teile. Man gliedere also zuerst die Hauptabschnitte aus, dann die Sätze, dann die Sinnschritte innerhalb der Sätze. Dabei ist zu beachten, daß wohl Punkt und Strichpunkt, nicht aber Komma und Anführungszeichen ein sicheres Zeichen dafür sind, daß ein Sinnschritt zu Ende geht.

Wieweit aber ein Sinnschritt reicht, können nicht die Grammatikregeln festlegen; das hängt davon ab, wieviel der Hörer mit einem Male hören muß, um sich eine klare Vorstellung bilden zu können und sie mit dem Vorhergehenden oder Folgenden zu verknüpfen. Die Rücksichtnahme auf den Hörer also bestimmt die Sinnschritte.

Anders ausgedrückt: Wer gut vorlesen will, dessen Herz muß beim Hörer sein, während die Augen über das Papier gleiten. Er muß sich ganz auf den Hörer einstellen. Der hört diese Worte ja zum ersten Male und muß sich alles langsam vorstellen, um es recht zu verstehen. Zum Vorlesen gehört Mitgefühl.

Denn Vorlesen heißt Mitteilen. Und zum Teilen gehört Aufmerksamkeit für den andern.

Diese Rücksicht auf den Hörer legt es nahe, selbst die Sinnschritte nochmals zu untergliedern. Zwar ist es richtig, daß jeder Sinnschritt eine runde, geschlossene Vorstellung im Hörer wachrufen will, die nicht durch falsche Pausen auseinandergerissen werden darf. Doch besteht jede Vorstellung in unserer Phantasie aus mehreren Teilen. Diese Teile, aus denen sich der Sinnschritt aufbaut, nennen wir die Glieder des Sinnschritts. Man kann sie beim Sprechen durch kleine Verzögerungen und Stauungen des Sprechablaufs kennzeichnen und im Lesetext durch einen kurzen Strich (') anmerken, z. B.:

. . . *damit wir* ' *durch deine Eingebung* ' *auf das sinnen, was recht ist,* | *und es unter deiner Leitung auch ausführen.*

. . . *ich ermahne euch* ' *als meine geliebten Kinder* ' *in Christus Jesus, unserm Herrn.* |

. . . *die aber Christus angehören, haben ihr Fleisch* ' *samt seinen Lastern und Begierden* ' *gekreuzigt.* |

Dazu ist aber zu beachten:

1. Im Gegensatz zum Schriftbild, wo zwischen jedem Wort der gleiche Abstand besteht, rutschen nämlich beim Sprechen die einzelnen Wörter immer zu kleinen Wortgruppen zusammen, den sogenannten ,,W o r t b l ö c k e n''. Die werden gesprochen wie ein einziges Wort, z. B.:

Diewerdengespróchen ' *wieeineinzigesWórt.*

Durch die S t a u p a u s e n (angezeigt mit kurzem Strich) gruppiert man also die Worte zu Wortblöcken zusammen. Weil damit zugleich das Auffassungsvermögen der Hörer dirigiert wird, muß man darauf achten, daß nur zu Wortblöcken zusammengefaßt wird, was auch inhaltlich zusammengehört. Darum darf man die kurzen Striche nicht an jeder beliebigen Stelle einfügen. Wer das tut und entsprechend beim Vorlesen sinnwidrig den Redefluß verzögert und aufstaut, dessen Lesen wirkt willkürlich und affektiert. Das darf im Gottesdienst nicht geschehen. Die Nachrichtensprecher im Rundfunk sind wahre Meister in der Feingliederung schwieriger Texte durch Staupausen und kleine Verzögerungen des Sprechablaufs, und nur, weil sie ihr Handwerk so gut verstehen, können wir ihnen so leicht folgen.

2. Die kurzen Striche zeigen nur Stauungen an, keine Atempause! Atmen darf man nur am Ende des Sinnschritts. Würden die Staupausen zu Atempausen ausgedehnt, so würde der Sinnschritt nicht mehr unterteilt, sondern auseinandergerissen. Man würde dem Hörer nicht mehr die Teile der einen zusammengehörigen Vorstellung andeuten, sondern ihn fälschlich dazu anregen, zwei verschiedene Vorstellungen zu bilden. Er merkt, daß der Lektor sich verlesen hat, und wird abgelenkt.

Nach einiger Zeit der Übung hat man diese kleinen Striche zur Gliederung der Wortblöcke nicht mehr nötig. Sie verführen allzuleicht dazu, doch noch Pausen zu machen – und das wäre falsch.

Die neue graphische Gestaltung der Lektionarien macht den Sinnschritt innerhalb von Sätzen durch Einrücken kenntlich.

Tabelle aller besprochenen Gliederungszeichen

Textstück	Zeichen	etwa entspr. Satzzeichen	
Abschnitt	‖	·	langer Strich für Grob-gliederung
Satz			·	
Sinnschritt			ohne oder ( ) ; ,	
Glied	ı	ohne oder ( ) : ,	kurzer Strich für Fein-gliederung
Wortblock	ohne	ohne	

Beispiel einer kompletten Textgliederung:

1 Kor 11, 23 f.

Lesung ˈ *aus dem ersten Brief des Apostels Paulus*
ˈ *an die Korinther.* ‖ *Schwestern und Brüder!* ‖
Ich habe vom Herrn empfangen, ˈ *was ich euch überliefert*
habe: ‖ *Der Herr Jesus* ˈ *nahm in der Nacht, da er verra-*
ten wurde, Brot, | *dankte,* ˈ *brach es* ˈ *und sprach:*
„Nehmet hin und esset. | *Das ist mein Leib,* ˈ *der für euch*
hingegeben wird. | *Tut dies zu meinem Andenken."* ‖
Ebenso ˈ *nahm er den Kelch nach dem Mahle* | *und*
sprach: „Dieser Kelch ˈ *ist der Neue Bund in meinem Blute.*
| *Tut dies,* ˈ *sooft ihr ihn trinket,* ˈ *zu meinem Andenken."* |
Denn ˈ *sooft ihr dieses Brot esset* ˈ *und diesen Kelch trin-*
ket, ˈ *verkündet ihr den Tod des Herrn,* | *bis er wieder-*
kommt. ‖

Am Ende dieses Büchleins finden Sie eine Reihe von Übungstexten, die so angeordnet sind, daß jeweils ein Notierungsvorschlag des Verfassers der Textgliederung aus dem neuen
Lektionar gegenübersteht, die P. Dr. Richard Kliem besorgt hat.

Wenn der Mensch immer neues Feuer auf den Altar seiner
Seele trägt, entflammt sich der Funke der Herrlichkeit Gottes,
die in ihm wohnt; und sie redet die Worte mit seinem Mund,
daß es erscheint, als schweige er und die Worte kämen aus
seinem Mund von selber.

SIEBENTE REGEL

Die richtige Betonung zu finden ist nicht Glückssache, sondern ebenfalls eine Frage der Vorbereitung. Meist wird zuviel betont; denn jeder Sinnschritt darf nur e i n stark betontes Wort haben.

Meist wird zuviel betont. Das klingt dann etwa so:

Wenn i h r den Vater in m e i n e m Namen um etwas b i t t e n werdet, so wird e r es euch geben.

Warum ist eine solche Betonung falsch? Wer so liest, meint es bestimmt sehr gut mit seinen Hörern. Er möchte, daß ihnen kein wichtiges Wort entgeht. Darum schreibt er alle Wörter, die ihm wichtig erscheinen, gewissermaßen in Großbuchstaben, in Plakatschrift. Und er erreicht damit, daß man am Schluß vor lauter Betonung nicht mehr weiß, was jetzt wirklich wichtig war.

Wie macht man es besser?

Im Frühjahr trifft man im Wald mitunter stark versumpfte Wegstücke, die man trotzdem begehen kann, wenn Waldarbeiter große, flache Steine gelegt haben, die sich als Tritte benutzen lassen. Man springt von Stein zu Stein und gelangt heil ans andere Ende – vorausgesetzt, daß man die Ruhe bewahrt und sieht, wohin man treten muß.

Daß sich Sprechen und Lesen in einzelnen Schritten vorwärtsbewegt – in Sinnschritten –, ist uns schon klargeworden. Diese Schritte zu machen ist nicht schwer, vorausgesetzt, man weiß, auf welche Steine man treten darf, welche Steine Halt geben. Halt gibt im Sinnschritt immer das Wort, um das es gerade hauptsächlich geht, in welchem also der Sinn des Satzes steckt. Auf dieses Wort müssen wir kräftig drauftreten, es allein bekommt den Hauptton.

Hauptton: denn neben ihm gibt es auch noch Nebenbetonungen. Ein besonders hellhöriger Sprechwissenschaftler unterschied insgesamt dreizehn Betonungsstufen, dreizehn verschiedene Grade der Lautstärke! Aber das muß niemanden kopfscheu machen; denn zwölf von ihnen können hier außer acht bleiben. Sie stellen sich von selbst richtig ein, wenn der Hauptton getroffen ist. So deutlich hebt er sich aus ihnen allen heraus! Er allein entscheidet den Sinn des Satzes. Ihn sollte man deshalb auch im Text, mindestens in den Sätzen, die unübersichtlich sind, mit Bleistift durch einen Akzent (´) kennzeichnen. Ausnahmsweise kann man in besonders schwierigen Sätzen auch die zweitstärkste Betonung kennzeichnen. Dann allerdings mit einem Akzent, der sich nach links neigt (`).

In der Unterhaltung treffen wir alle mühelos die Worte, die den Sinn des Gesprächs von Satz zu Satz weitertragen:

,,Komm doch bitte einmal heráuf zu mir; | *ich muß dir etwas zéigen."* || *,,Ich komme nachhér einmal vorbei.* | *Mein Váter wartet auf mich!"*

Die Trittsteine sind die Silben *rauf – zei – her – Va –*. Nur diese vier Silben betonen wir kräftig. Die übrigen 31 Silben dieses kurzen Wechselgespräches bleiben im Vergleich dazu leicht und leise. Wie ein Hürdenläufer, der seine Bahn genau kennt, sich beim Lauf ganz auf die eigentlichen Sprünge konzentriert, während sich die dazwischenliegenden Trippelschritte von selbst ergeben, so denken wir beim Sprechen eigentlich nur an die Worte, die den Sinn weitertragen. Die dazwischenliegenden Worte ergeben sich wie von selbst; sie sind nur die Verbindungsglieder zwischen diesen Sinnworten und bleiben nahezu unbetont.

Im Unterschied zum alltäglichen Gespräch sind wir beim Lesen eines fremden Textes Hürdenläufer auf einer fremden Bahn. Da dürfen wir uns nicht einbilden, wir könnten die Bahn im ersten Lauf ohne Punktverluste nehmen; denn man kann selten auf Anhieb erkennen, wo auf der gleichmäßig grauen Aschenbahn der Zeilen die einzelnen Hürden postiert sind, in welchem Abstand sie einander folgen und wo man zum Sprung ansetzen muß. Nehmen wir gleich ein Beispiel:

Seid Menschen ähnlich, die ihren Herrn erwarten, wenn er heimkommt von der Hochzeit, damit, wenn er kommt und anklopft, sie ihm sogleich öffnen.

Welche Worte verdienen den Hauptton? Viele werden, auf Anhieb, meinen: *Menschen – Herrn – heimkommt – anklopft – öffnen.* Das ist falsch, denn so trifft man nicht den Sinn der Worte Jesu. Er mahnt uns in diesem Gleichnis, wachsam zu sein, also Menschen ähnlich, die nicht schlafen, sondern ihren Herrn erwarten, auch wenn er noch so spät heimkehrt. Folglich muß der Text folgendermaßen gegliedert und betont werden:

Seid Mènschen ähnlich, ˈ *die ihren Herrn erwárten, wenn er hèimkommt von der Hochzeit* | *damìt,* ˈ *wenn er kommt und ánklopft,* | *sie ihm sogleich oéffnen.* *

Erwarten – anklopft – öffnen: Das sind die drei Kernwörter dieses Satzes. Man sieht, auf jeden Sinnschritt trifft nur ein stark betontes Wort. Suchen Sie, an einem weiteren Satz aus demselben Gleichnis, das sinn- und tontragende Wort jeden Sinnschrittes – die Trittsteine auf dem Waldweg und die Hürden auf der Sprinterbahn – zu bestimmen:

Selig jene Knechte, die der Herr bei seiner Ankunft wachend findet! Wahrlich, ich sage euch: Er wird sich gürten, sie zu Tisch sitzen lassen, und er wird umhergehen und sie bedienen!

Wollen Sie betonen: *gürten – Tisch – umhergehen – bedienen?* Auch das ist falsch. Denn die große Überraschung für uns Knechte Gottes, wenn wir einmal in die Ewigkeit gehen, wird nicht sein, daß Christus dort umhergeht (statt angewur-

---

* Aus drucktechnischen Gründen müssen in den Übungstexten die Umlaute, wenn sie einen Akzent erhalten, aufgelöst werden: *ä ö ü* in *ae oe ue.*

zelt auf einem Platz zu stehen), sondern daß er uns, die Knechte, ausruhen lassen wird und er, der Herr, uns bedienen wird! Den Sinn der Frohen Botschaft trifft also nur die Betonung:

Er wird sich gúerten | und sie zu Tísch sitzen lassen, | und ér wird umhergehen | und sie bedíenen.

Wie kann man mit Sicherheit das Wort erkennen, das in jedem Sinnschritt den Hauptton trägt? Das beste Rezept heißt wieder: Buch zuklappen und mit eigenen Worten den Sinn wiedergeben. Anschließend den Text in der Betonung lesen, die man beim freien Sprechen gefunden hat.

Es gibt auch, besonders bei sehr schweren Texten, die andere Möglichkeit, den Satz mehrmals laut zu lesen und jedesmal ein anderes wichtiges Wort zu betonen. Durch den Vergleich verschiedener Betonungsarten kann man mit großer Sicherheit die richtige Betonung herausfinden. Und sollte jemand bis zuletzt schwanken, welches von zwei Wörtern eines Sinnschrittes endgültig den Hauptton verdient — so entscheide er sich für eines von beiden. Das ist jedenfalls richtiger, als alle beide zu betonen.

Man kann sich auch angewöhnen, beim vorbereitenden Lesen die Haupttonworte durch ein leichtes Wippen mit der Fußspitze oder durch eine kleine Schwingbewegung mit der Hand zu unterstreichen. So wie man das ja auch unbewußt beim Musikhören oder bei einer temperamentvollen Unterhaltung tut, weil jede seelische Bewegung nach außen drängt. Je länger die Wortgruppen sind, die in einer Handbewegung zusammengefaßt werden können, je ruhiger also die Geste schwingt, um so besser. Denn — noch einmal sei es gesagt — von Natur aus hat jeder Sinnschritt nur e i n stark betontes Wort.

Man soll die Worte sprechen, als seien die Himmel geöffnet in ihnen. Und als wäre es nicht so, daß du das Wort in deinen Mund nimmst, sondern als gingest du in das Wort ein.

ACHTE REGEL

Nur ganz selten liegt die Betonung auf den Beiwörtern, auf Wörtern der Verneinung und auf dem Satzende. Bei den Fürbitten vermeide man auch die langweilige Betonung der Zeitwörter.

Die Begründung ist nicht schwer:

1. Das B e i w o r t (Adjektiv), wenn es als „schmückendes Beiwort" vor einem Hauptwort steht, wird nicht betont, weil es nur eine Beifügung, ein Schmuck, also nicht die Hauptsache ist. Andernfalls klingen die Sätze sofort pathetisch-gefühlstriefend:

Wir danken dir, daß du deinen lieben Sohn von den Toten auferweckt und uns ármen Sündern dadurch eine éwige Hoffnung gegeben hast.

Oder im typischen Ton der Märchentante:

Ein kléines Mädchen ging in einen tiefen Wald. Dort wohnt eine bóese Hexe . . .

2. Wörter der V e r n e i n u n g (nicht, kein, nirgends) wirken von sich aus schon stark. Das liegt in ihrer Natur. Ein „Nein" klingt immer härter und entschiedener als ein „Ja". Würde man solche Worte nun auch noch betonen, so klänge es wieder überstark, also pathetisch. Richtig muß es also heißen:

Er gláubte ihm nicht.

Seid nicht tráurig | und wéint nicht!

Er hat keine Súende begangen, | und in seinem Munde befand sich kein Trúg. | Er schmàehte nicht, ᴵ da er geschmáeht wurde, | und dròhte nicht, ᴵ da er lítt.

3. Immerzu das S a t z e n d e zu betonen, ist eine üble Angewohnheit aus dem zweiten Schuljahr. Damals übersahen wir noch nicht, wo das sinntragende Wort steckte, verpaßten es und fanden uns plötzlich am Satzende. Also mußten wir

wenigstens dies betonen, um anzudeuten, daß es nun nicht mehr weitergeht. Oft beschwerten wir dabei sogar noch die allerletzte Silbe, z. B.: *indem er unsern Herrn Jesus Christus auferweckt hát (statt: áuferweckt hat).*

Dieser Fehler begegnet besonders häufig bei den Fürbitten, sowohl in der älteren als in der neuen Form:

Für jeden bedrängten Menschen, der der Hilfe Gottes bedárf . . .

Für unsere Feinde, daß Gott sie besänftige und ihren Zorn verníchte . . .

Für alle, die das Wort Gottes áuszurichten haben, daß es ihnen gelingt, die richtigen Worte zu finden . . .

Für alle Menschen, daß sie lernen, auf Gottes Hilfe zu vertráuen . . .

Für uns alle, daß wir uns die Denkart Jesu zu éigen machen . . .

In allen diesen Fällen ist die Betonung falsch; sie müßte auf dem vorhergehenden Hauptwort liegen, weil erst sein Inhalt dem Tätigkeitswort einen konkreten Sinn gibt. *Finden* oder *vernichten* für sich genommen sagt ja noch nichts Deutliches, bedarf vielmehr einer Ergänzung, die erkennbar macht, was gefunden oder geschenkt wird. Darum betonen wir: ,,*Bekéhrungschenken, Fríedenverleihen, zum Lébenerwekken*" und sprechen diese Wendungen wie ein einziges Wort. Richtig muß es also heißen:

Für alle, die das Wort Góttes auszurichten haben, daß es ihnen gelingt, die richtigen Wórte zu finden . . .

Für alle Menschen, daß sie lernen auf Gottes Hílfe zu vertrauen . . .

Für uns alle, daß wir uns die Denkart Jésu zu eigen machen . . .

Für jeden bedrängten Menschen, der der Hilfe Góttes bedarf . . .

Für unsere Feinde, daß Gott sie besáenftige und ihren Zórn vernichte . . .

Sind dagegen die Tätigkeitsworte für sich bereits genügend mit Sinn gefüllt, so können sie auch allein stehen; in diesen Fällen bezeichnet das vorausgehende Hauptwort nur einen nebensächlichen Umstand (weshalb man es samt seinen Beiwörtern auch weglassen könnte). In diesen Fällen bekommen die Tätigkeitsworte selbst den Ton; z. B.:

Für alle verfolgten Christen: daß du sie (mit der Kraft deines Leidens) stáerken wollest . . .

Für uns selbst: daß du uns alle untereinander (mit dem Band der Liebe) veréinigen wollest . . .

Jede dieser Fürbitten behielte ihren Sinn, auch wenn das, was in der Klammer steht, weggelassen würde. Also handelt es sich hier nur um Umstände, die das Tätigkeitswort näher bestimmen, aber nicht überhaupt erst mit Sinn erfüllen. Das Tätigkeitswort steht also in sich selbst, daher bekommt es auch den Ton.

Gibt es nun eine einfache Methode, um sich Klarheit zu verschaffen, wie man im Einzelfall betonen muß? Am sichersten greift man wieder auf die normale Sprechbetonung zurück und dreht dazu die Fürbitte um. Lautet die Fürbitte beispielsweise:

Daß du uns aus der Finsternis in dein wunderbares Licht führen wollest,

so frage ich: Was soll Gott tun? Die Antwort lautet:

Er soll uns aus der Finsternis in sein wunderbares Licht führen.

Nun sagt uns das Sprachgefühl ganz deutlich, daß „*Licht*" den Ton bekommen muß. Also muß man die Fürbitte betonen:

Daß du uns | *aus der Finsternis* | *in dein wunderbares Licht führen wollest.*

Man darf wohl sagen, daß in unseren Fürbitten in der Mehrzahl das Hauptwort zu betonen ist. Man kann also bei der Vorbereitung immer zunächst einmal das Hauptwort betonen; nur wenn das im Einzelfall nicht gut klingt, wird man probeweise auf das Tätigkeitswort umsteigen. Jedenfalls bildet diese zweite Gruppe die Ausnahme.

Auch hier sollte man sich (mindestens so lange, bis man mehr Sicherheit erworben hat) mit dem Bleistift Betonungszeichen in den Text machen. Durch solche Vorbereitungen kann ein Vorbeter sehr viel dazu beitragen, daß die Leute in unseren Gottesdiensten „den Vater im Geist und in der Wahrheit anbeten" (Joh 4, 23), weil sie sich mühelos in ihrem Herzen dem Gebet anschließen können.

In der Gemeinde war ein Vorbeter heiser geworden. Der Rabbi fragte ihn: „Wie kommt es, daß Ihr heiser seid?" „Das ist", antwortete er, „weil ich vor dem Pult gebetet habe." „Ganz recht", sagte der Rabbi, „wenn man vor dem Pult betet, wird man heiser; wenn man aber vor dem lebendigen Gott betet, wird man nicht heiser."

NEUNTE REGEL

Auch die Sprechmelodie muß beim Lesen erhalten bleiben. Zusammen mit der Betonung und dem Wechsel in der Sprechgeschwindigkeit gibt sie den Sätzen Farbe und Klang.

Vielleicht ist Ihnen noch nie aufgefallen, daß in jedem unserer Sätze eine kleine Melodie steckt. Dann sprechen Sie hintereinander einmal die Sätze:

„Kommst du mit?" – „Ich bin so müde!"

Der erste Satz steigt an; der zweite fällt. (Noch deutlicher merkt man das, wenn man sie im gleichen Tonfall auf „la-la-la" nachspricht.) Man braucht nur ein klein wenig Druck mit der Stimme zu geben, und man kann auf jeder Silbe die gesprochene Tonhöhe in einen gesungenen Ton umwandeln und am Klavier aufsuchen.

Eines allerdings ist für die Sprechmelodie charakteristisch: Ihre Töne sind nicht „sauber", nicht in Halbtonschritten oder Ganztonschritten voneinander getrennt, sondern gleiten und schleifen auf und ab – oft sogar in einer einzigen Silbe. Wenn ich verwundert frage:

„So? – Wer?"

dann gleitet das „o" über rund sechs Töne aufwärts, das „e" über etwa acht Töne abwärts. Dieser Wechsel von Höhe und Tiefe macht die Sprechmelodie aus. Sie ist bei Frauen lebhafter als bei Männern und unterscheidet sich charakteristisch je nach Muttersprache und Kultur, ist deshalb auch im Fremdsprachenunterricht (im Französischen, Amerikanischen, Italienischen) eigens zu erlernen.

Wozu ist nun die Sprechmelodie nützlich?

Sie ist zunächst ein weiteres Betonungsmittel. Sie hilft dem Sprecher, das Wichtige, den Sinn, herauszuheben. Meist sprechen wir nämlich das betonte Wort in einem Satz nicht nur etwas lauter, sondern auch etwas höher (bzw. tiefer) als das Übrige. Für kleine Kinder ist diese melodische Betonung sogar die einzige, die ihnen zur Verfügung steht. Daher wirkt die Kindersprache so melodisch (und die Märchentantensprache, die diese Kindereigenart bewußt übernimmt, so albern: ,,Du, du, du – gibst du der Tante ein Händchen?").

In der Sprechweise des Erwachsenen tritt die Melodie zwar mehr in den Hintergrund, wird aber nicht überflüssig. Denn sie hilft dem Hörer, den Sinn eines Satzes zu erfassen. Beispielsweise kann man den Aussagesatz:

Du gehst heute nicht nach Hause

durch einen bloßen Wechsel in der Melodie in einen Fragesatz verwandeln. Das bedeutet aber: Spreche oder singe ich diesen ganzen Satz auf einem Ton, so kann der Hörer nicht entscheiden, ob er als Frage oder als strenger Befehl gemeint ist. Also gibt erst die Melodie dem Satz einen eindeutigen Sinn.

Die Melodie ist ferner das Mittel, mit dem wir die Teile eines Satzes, die wir durch Staupausen ein wenig voneinander abheben (vgl. Regel 4 und 6), dann doch wieder einander zuordnen. Wir lassen nämlich immer die erste Satzhälfte melodisch ansteigen (und erzeugen dadurch eine Spannung) und die zweite abfallen (und lösen damit die Spannung wieder). Jeder Satz im Deutschen besteht also aus einem Spannungsbogen und einem Lösungsbogen und der dazwischenliegenden Pause, die auf dem ,,Scheitel" des Satzes den Umschlag auslöst.

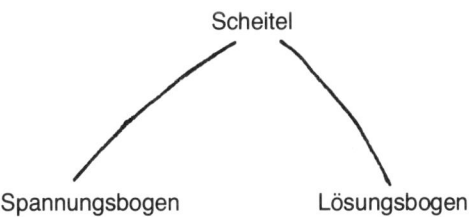

Scheitel

Spannungsbogen   Lösungsbogen

Machen wir uns das durch ein paar Beispiele deutlich.

1. Schon der Satz der ganz kleinen Kinder, der nur aus zwei Worten besteht, folgt diesem Modell. Will ein Kind dem Vater am Abend erzählen, daß heute die schöne große Puppe kaputtgegangen ist, so sagt es nur:

Puppa – putt.

Aber man kann ganz deutlich die aufsteigende und abfallende Melodie hören und die Pause im Scheitel zwischen beiden Satzästen.

2. Bei kurzen Sätzen (die nur aus einem einzigen Sinnschritt bestehen) bildet der erste Wortblock den aufsteigenden Ast, der zweite Wortblock den fallenden Ast; im Scheitel steht eine kleine Staupause:

Der Hèrr | sei mit éuch[1].
Dàrum | beúge ich meine Knie. Oder evtl.:
Darum bèuge ich | meine Knie.
Darum beuge ich meine Kniè | vor dem Vater unseres Herrn Jesus Chrístus.

Die Hauptbetonung liegt dabei immer im Lösungsbogen, die Nebenbetonung im Spannungsbogen:

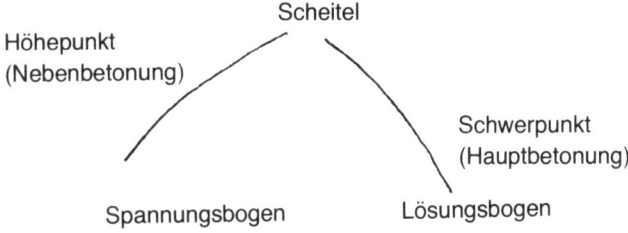

Höhepunkt
(Nebenbetonung)

Scheitel

Schwerpunkt
(Hauptbetonung)

Spannungsbogen   Lösungsbogen

---

[1] Möglich ist auch die Betonung: *Der Hérr sei mit euch!* Dagegen sollte man die Präposition nicht betonen *(Der Herr sei mit euch!),* weil solche spezielle Sinngebung gegen die Schlichtheit verstößt, die Grußformeln eigen ist.

Weil sie so nahe beim Scheitel liegt, klingt die Nebenbetonung immer heller und höher als die Hauptbetonung. Deshalb die Bezeichnung „Höhepunkt" im Gegensatz zu dem dunkelklingenden, meist am Ende des Lösungsbogens liegenden „Schwerpunkt".

3. Besteht schließlich ein Satz aus zwei Sinnschritten, so bildet der erste Sinnschritt gewöhnlich den Spannungsast, der zweite Sinnschritt den Lösungsast; die Scheitelpause wird etwas länger und kann zum Nachatmen benützt werden:

Als Jesus in den Flécken kam, | *begegneten ihm zehn Aússätzige.*

In des Gerechten Mund ist Wéisheit, | *und seine Zunge spricht Geréchtigkeit.*

4. Wie zwei Sinnschritte eines Satzes, so sind auch Frage und Antwort einander melodisch zugeordnet. Darum steigt die Frage meist im Spannungsbogen empor; und mit der Antwort sinkt die Melodie wieder zurück:

Kommt Vater heute nach Háuse? | *Jà,* ˈ *er wird gegen Ábend kommen.*

Merke aber: Am Schluß die Stimme zu heben, ist nur in d e n Fragesätzen angebracht, die kein eigentliches Fragewort (wie, wo, was, wer, warum?) haben, z. B.:

Kann mir keiner helfen? Einer kam zu spät?

Dagegen soll man den Frageton weglassen, wo ein Fragewort den Satz genügend als Frage kennzeichnet; da betont man das Fragewort kräftig und läßt die Stimme am Schluß sinken wie bei Aussagesatz; z. B.:

Wér ist da? Wàrum hast du gelógen?
Wofür halten die Leute den Ménschensohn?
Sórget euch also nicht ängstlich | *und sàget nicht: Was werden wir éssen,* | *und was werden wir trínken,* | *oder*

| *wòmit werden wir uns kléiden?* | *Denn um all das küm-mern sich die Héiden.*

5. Schließlich kann jede der beiden Satzhälften, die fallende und die steigende, noch feiner untergliedert sein. Aber auch dann bleibt das Grundschema erhalten:

Mìr, | *dem Gerìngsten unter allen Heiligen,* | *wurde die Gnáde verliehen,* | *den Heìden* | *den unergründlichen Reichtum Chrísti zu verkündigen.* |

Grafisch umgesetzt ergibt sich folgendes Bild:

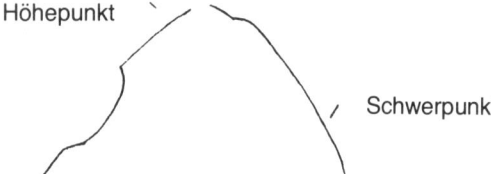

Höhepunkt

Schwerpunkt

Daher kann es bei komplizierten und langen Sätzen hilfreich sein, auch die Melodieführung anzudeuten. Das geschieht mit Hilfe eines Strichleins, das wir an die Gliederungsstriche an-hängen. Man muß keine Angst haben, dadurch werde der Text zu unübersichtlich. Wie die Gliederungsstriche, so macht man auch dieses Melodiezeichen nur an den wenigen kriti-schen Stellen einer Lesung, an denen man später beim Vor-trag die Übersicht darüber verlieren könnte, ob man noch im aufwärtsstrebenden Spannungsbogen oder schon in der lö-senden Abwärtsbewegung des Satzes steht. Wenn man keine solchen Hilfen braucht – um so besser! Aber daß es so was gibt, interessiert vielleicht doch. Man unterscheidet also:

Tiefschluß (\) am Ende eines Abschnitts und am Ende langer Sätze (Punkt):
Tiefe Stimmsenkung zeigt klares Ende an.

Halbschluß (`) am Ende eines fallenden Sinnschritts (Strich-punkt, z. T. Komma):
Hörbare Senkung deutet gewissen Abschluß an.

Schwebe (–) am Ende eines steigenden oder innerhalb eines Sinnschritts (Einschübe, Umstände):
Schwebeton hält das Interesse offen.

Hochschluß (ʹ) am Ende eines steigenden oder innerhalb eines Sinnschritts oder bei einer Frage:
Hebung der Stimme drängt weiter, fordert Lösung heraus.

Beispiel einer vollständigen Textnotierung (Gliederung, Betonung und Melodie): Röm. 8, 35–39.

Wér wird uns scheiden von der Liebe Christi? \ *Not oder Drangsal,* Ɣ *Verfólgung,* V *Hunger, Blöße, Gefahr oder Hénkersschwert?* IƔ *(Es steht ja geschríeben:* \ *„Um deìnetwillen* Γ *sind wir dem Tóde preisgegeben den ganzen Tag,* \ *sind Ópferschafen gleichgeachtet"* \ *– aber all das überstehen wir siegreich* Γ *durch den, der uns gelíebt hat.)* I\ *Ich bin gewíß,* \ *weder Tod noch Lèben,* ᴧ *weder Engel noch Gewalten, noch Mächte,* ᴧ *weder Gegenwärtiges noch Zukùnftiges,* \ *weder Hohes noch Tiefes, noch überháupt etwas in der Welt* Γ *wird uns zu trènnen vermögen von der Liebe Góttes,* \ *die da ist in Christus Jésus, unserm Herrn.* I\

Aus alldem ergibt sich die wichtige Folgerung: Wer im Gottesdienst monoton (ein-tönig) vorliest und dem Satz die Melodie raubt, der zerstört oder verdeckt damit den Sinn der Sätze und erschwert außerordentlich ein andächtiges Hören und Mitbeten.

Und nun achten Sie einmal bei einem Gottesdienst darauf, wie oft Pfarrer und Vorbeter diesen Fehler machen. Er ist in unseren Gottesdiensten so weit verbreitet, daß er eine ganz besondere Ursache haben muß. Das ist offensichtlich der lateinische Sprechton, der sogenannte „tonus rectus". Dieser Ton ist im Lateinischen alter Brauch der Kirche; im Deutschen ist er unerträglich.

Achten Sie darauf, daß Sie nicht in diesen „tonus rectus" verfallen. Auch wenn manche Leute behaupten, man müsse so sprechen, das sei „liturgisch". Halten Sie sich an Ihr alltägliches Sprachempfinden. Wer mit demselben natürlichen Wechsel in der Melodie liest, wie er spricht, liest richtig.

Das freilich ist klar: Zu zweit oder zu dritt kann man nicht vorbeten; denn da müßten ja alle drei um der Gleichheit willen auf demselben Ton sprechen. Eine „Schola" ist nur zum Singen da. Soll etwas gesprochen werden, so kann das immer nur ein einzelner tun, mit seiner persönlichen Sprache und Melodie. Ihm nimmt die Gemeinde dann auch ganz selbstverständlich das Gebet ab, Kinder und Frauen und Männer – jeder in der Stimmlage und Melodie, die ihm angenehm ist. Dieser Zusammenklang hoher und tiefer Stimmen, zusammengehalten durch den Rhythmus der Sätze, ist ein schöner Ausdruck für die Einigkeit aller in Freiheit.

Ein Rabbi lehrte: „Wenn du ein Wort vor Gott sprichst, geh mit allen deinen Gliedern in das Wort ein." Da fragte ihn einer seiner Hörer: „Wie soll das möglich sein, daß der große Mensch in das kleine Wort hineinkomme?"

„Wer sich größer dünkt als das Wort", sagte der Rabbi, „von dem reden wir nicht."

III. DER DIENST AM WORT

Der Märtyrerbischof Cyprian von Karthago schreibt im Jahre 250 n. Chr. aus seinem Versteck an die Seelsorger seiner Diözese über einen jungen Lektor:

„Gewöhnlich, liebe Brüder, befragen wir Euch vorher, wenn wir jemand in den Dienst der Kirche aufnehmen wollen, und wägen seinen Charakter und seine Verdienste in gemeinsamer Beratung ab. Aber wenn Gott seine Stimme für einen Bewerber abgegeben hat, sind menschliche Zeugnisse überflüssig.

Unser Bruder Aurelius, ein prachtvoller junger Mensch, ist bereits vom Herrn selbst geprüft worden. Noch jung an Jahren, hat er schon einen doppelten Kampf bestanden, zweimal schon seinen Glauben bekannt. Das erstemal wurde er dafür in die Verbannung geschickt; das zweitemal gefoltert. Beim erstenmal, als er außer Landes mußte, ging er vor den Augen nur weniger Zeugen in den Kampf; das zweitemal besiegte er auf offenem Markt zuerst die Beamten, dann sogar den Prokonsul.

Ich weiß jedoch nicht, was ich mehr an ihm rühmen soll: die Tapferkeit, mit der er litt, oder die Bescheidenheit seines Verhaltens nachher, nach seinem Bekenntnis.

Er hätte verdient, in eine noch höhere Weihestufe aufgenommen zu werden; denn man darf ihn nicht nach seinem Alter beurteilen, sondern muß auf seine Haltung schauen. Doch soll er zunächst einmal mit dem Dienst als Lektor beginnen. Denn eine Stimme, die in großartigem Bekenntnis für Gott

Zeugnis abgelegt hat, verdient wirklich, beim feierlichen Verlesen des Wortes Gottes zu erklingen. Nach den herrlichen Worten, mit denen er Christus bekannt hat, soll er nun auch die Frohbotschaft Christi verkünden, aus der die Märtyrer hervorgehen. Von dem Blutgerüst soll er nun ans Lesepult treten dürfen. Wurde er dort von den heidnischen Massen angegafft – hier sehen ihn die Brüder; wunderte sich dort das umherstehende Volk, als er sprach –, hier hört man ihn mit brüderlicher Freude.

Ihr sollt also wissen, liebe Brüder, daß dieser Aurelius von mir und den Amtsgenossen, die gerade hier waren, die Weihe erhalten hat. Ich bin gewiß, Ihr gebt mir gerne Eure Zustimmung und wünscht nur, ein Amt in unserer Kirche möchten möglichst viele solcher junger Leute erhalten. Und weil die Freude es immer eilig hat und Fröhlichkeit keinen Aufschub verträgt, hat er einstweilen uns am Sonntag als Vorleser gedient. Betet Ihr nur eifrig, daß das Erbarmen des Herrn seinem Volk bald den Bischof heil zurückgibt und mit ihm den Märtyrer und Lektor.

Ich wünsche Euch, liebe Brüder, es möchte Euch gutgehen!"

ZEHNTE REGEL

Man hört nicht nur mit den Ohren, sondern auch mit den Augen. Achten Sie darum auch auf das Gehen und Stehen, auf die Hände, das Buch und die Kleidung.

Man hört auch mit den Augen; denn was Eindruck auf uns macht, was in uns eindringt, ist nicht nur die Stimme eines Menschen, sondern auch sein Gesicht, seine Haltung, seine Gestalt. Wenn da etwas unsere Augen stört, hören auch die Ohren nicht mehr hin, weil wir zunächst darüber nachdenken, warum der Mensch so seltsam ausschaut.

Darum ist es gar nicht nebensächlich, wie einer im Altarraum den Weg von seinem Platz zum Lesepult zurücklegt. Man sollte sich nicht lässig, wie der Sheriff in einem Western, nach vorne schieben, aber auch nicht schicksals- oder gottergeben mit gebeugtem Rücken. Muß aus einem Buch vorgelesen werden, das nicht schon am Lesepult bereitliegt, so halte man es ungezwungen in beiden Händen.

Spätestens, wenn Sie am Pult angekommen sind, wird sich herausstellen, ob es für Ihre Größe richtig eingestellt ist. Falls Sie keinen Wert darauf legen, den Eindruck zu vermitteln, Sie seien etwas klein ausgefallen (man sieht während der ganzen Lesung nur die Frisur über dem Lektorenpult bzw. den schwarzen Fleck des Mikrophonkopfs dort, wo normalerweise die Nase ist), so stellen Sie vor dem Gottesdienst Mikrophon und Lesepult auf Ihre Größe ein.

Stellen Sie sich am Vorbeterpult auf beide Beine, nicht wie ein griechischer Apollo nur auf das linke, um das rechte elegant abzuspreizen. Wer auf beiden Füßen steht, kann besser durchatmen, wird selbst ruhig, behält die Schultern ruhig und kann sich den Hörern und dem Text aufmerksam zuwenden.

Technische Angaben (wie Seitenzahlen und Liednummern) sollten während des Gottesdienstes sowenig wie möglich zu hören sein. Dafür gibt es den Liedanzeiger. Erst recht sagt man nicht: „Lied Nummer vier-null-fünf", es sei denn in einem Schulgottesdienst mit den Kindern der Unterstufe; die übrige Menschheit findet sich nämlich in unserer Gegend durchaus mit dreistelligen Zahlen zurecht und läßt sich nicht gern wie kleine Kinder behandeln.

Wenn schon eine Zahl angesagt werden muß, damit die Leute mitbeten können, so warte man auch anstandshalber, bis sie die Seite aufgeschlagen haben. Sonst ist der ja oft recht kurze Text gesprochen, ehe sie ihn in ihrem Buch gefunden haben, und dann hätte man ihn besser allein vorgetragen.

Ein letztes Wort zur Kleidung. Hier haben sich manche Befürchtungen vor Einführung des Lektorendienstes, der Gottesdienst werde als Modenschau oder zur Demonstration von Lässigkeit mißbraucht, nicht bewahrheitet. Die Lektorin oder der Lektor tritt aus dem Kirchenschiff an den Ambo; daher sollen sie sich gar nicht durch eine liturgische Kleidung von der übrigen Gemeinde unterscheiden. Insbesondere muß dafür Sorge getragen werden, daß die Forderung nach einer liturgischen Kleidung nicht als Vorwand verwendet wird, die Frauen der Gemeinde aus dem Lektorendienst auszuschließen.

Warum man beim Vorlesen aus der Heiligen Schrift stehen müsse, wurde Rabbi Abbahu (um 300 n. Chr.) gefragt. Er antwortete: „Weil es in der Schrift heißt: ‚Du aber stehe hier bei mir!' (Dt 5, 31). Selbst Gott redete mit Moses im Stehen."

ELFTE REGEL

Unser Atem ist der Strom, der die Worte trägt. Ruhiges Atmen macht den Lektor selbst ruhig und überträgt sich auch auf die Hörer; Sprechtempo und Pausen regulieren sich wie von selbst.

Wer dagegen hastig atmet, liest zwangsläufig zu schnell! Man kann schon zu schnell anfangen. Wenn man nämlich z. B. nicht beachtet, daß die Leute vor der Lesung zum Tagesgebet (Kollekte) gestanden haben und sich zunächst einmal setzen müssen oder umgekehrt. Dabei entsteht notwendig Lärm. Wer hier nicht abwartet, sondern schon zu lesen beginnt, der riskiert, daß die Leute den Anfang nicht mitbekommen und deshalb auch das Weitere nicht verstehen. Dann soll man sich aber nicht wundern, wenn sie sich auch die übrige Zeit mit Husten und Schneuzen vertreiben. Nein, man muß warten, bis es ganz still geworden ist, bis alle Platz genommen haben und gesammelt auf den Lektor schauen. Blicken Sie die Leute ebenfalls an, ehrfürchtig und ruhig, und denken Sie daran, daß diese Menschen hungrig sind nach Gottes Wort und daß Sie ihnen Nahrung geben dürfen. Dann erst sollen Sie zu lesen beginnen.

Wenn Ihnen jemand sagt, Sie müßten langsamer lesen, so kann das zweierlei bedeuten: Entweder sollen Sie langsamer sprechen, oder Sie sollen langsamer schweigen. Was das bedeuten soll? Hier berührt sich wieder einmal die Sprache mit der Musik. Sie wissen, daß auf einem Notenblatt nicht nur die Noten, sondern auch die Pausen eingezeichnet sind. Nicht nur die Zeit, in der man etwas hört, ist für die Musik wichtig, sondern auch die Zeit, in der man nichts hört, in der das eben Gehörte verklingt, man ihm nachlauscht und es genießt.

Ebenso muß man beim Sprechen die innere Sprechgeschwindigkeit eines Satzes unterscheiden von der Pausenlänge zwischen zwei Sätzen oder Satzteilen. Binnengeschwindigkeit und Pausenlänge haben nämlich ganz verschiedene Wirkungen auf den Hörer.

Ein langsames Sprechtempo im Satz selbst dient (zusammen mit einer guten Aussprache) der äußeren Verständlichkeit der Worte und Sätze. Spricht man nämlich zu schnell, so überschlagen sich die Schallwellen, die aus dem Mund treten, mit den Schallwellen des Echos, das von den Rückwänden der Kirche und aus den Seitenwänden zurückkommt, und es entsteht ein unverständliches Wortgemenge. Daher ergibt sich die einfache Regel: Man muß genauso langsam sprechen, daß die Schallwellen und die Echowellen sich nicht überschneiden und gegenseitig brechen. Das ist in jedem Kirchenraum anders!

Im Gegensatz zu diesem gebundenen Sprechtempo innerhalb der einzelnen Sätze dienen die Pausen zwischen den Sätzen und Sinnschritten dem geistigen Verstehen des Gehörten, dem ,,Herunterschlucken" des Wortes, das man hörte; dem Absinken des Wortes auf den Grund des Herzens. Die Pausen schenken also dem Hörer eine kleine Rast, während der er sich den Sinn des Gehörten vorstellen und es dem Gedächtnisspeicher einfügen kann, ehe der nächste Sinnschritt ihn weiterführt. (Wir haben oben schon, in Regel 5, davon gesprochen.) Die Pausen gehören also zum Lesen, wie das Schlucken zum Essen. Wer – auch wenn er in einem sehr gebundenen, langsamen Tempo die Worte aneinanderreiht – keine Pausen läßt, wirkt wie eine Dampfwalze, die den Hörer überrollt. Deshalb: Je schwerer der Text, um so wichtiger sind die Pausen.

Auch für den Vorleser sind sie übrigens wichtig. Sie erlauben ihm, während er einatmet, mit den Augen schon auf den nächsten Satz vorauszueilen und sich seinen Inhalt vorzustellen, damit er ihn alsbald laut und in der richtigen Betonung aussprechen kann. Die doppelt langen Pausen am Ende eines Abschnittes dienen darüber hinaus dazu, die Hörer anzuschauen. Davon soll gleich die Rede sein.

Natürlich kann man alles übertreiben, auch die Langsamkeit. Aber man sollte diese Gefahr nicht fürchten; in der Regel lesen die Lektoren in unseren Gottesdiensten nicht zu langsam, sondern zu schnell.

Der Grund liegt vermutlich darin, daß sie zu aufgeregt sind, das heißt genauer, daß sie nicht richtig atmen. Richtig atmen heißt ruhig und tief atmen, wie im Schlaf. Beobachten Sie einmal einen Hund, wenn er liegt, oder ein schlafendes Kind. Die atmen nicht mit der Brust, sie heben nicht die Rippen, sondern sie atmen mit dem Bauch. Auch wir können das noch, wenn wir schlafen. In wachem Zustand haben wir uns allerdings durch das dauernde Sitzen seit der Schulzeit, durch die engen Hosenbünde u. ä. vielfach die (ungesunde) Brustatmung angewöhnt. Es wäre daher eine nützliche Übung, gelegentlich die Hand auf die Bauchoberfläche zu legen und die ruhige Tiefatmung bewußt zu üben. (Natürlich ohne Übertreibung: gewaltsames Tiefatmen führt zu Schwindelgefühl und belastet das Herz.)

Darum rechtzeitig den Lektorenplatz aufsuchen und dort, schon mit Blick auf das Kirchenschiff, einmal tief durchatmen! Das ist eine gute Hilfe, um ohne Hast und Unruhe im rechten Sprechtempo zu lesen.

Wie der Regen und der Schnee vom Himmel herabfällt und nicht dahin zurückkehrt, ohne die Erde zu tränken und sie keimen und sprossen zu lassen,
so daß sie Samen gibt dem Säenden und Brot dem Essenden –
so auch mein Wort, das von meinem Munde ausgeht:
es kehrt nicht leer zu mir zurück,
sondern wirkt, was ich beschlossen,
und führt durch, wozu ich es gesendet.　　*Is 55, 10–11*

ZWÖLFTE REGEL

Ehe der Lektor beginnt, und bei jedem Abschnitt schaue er die Leute an, wie es der Fernsehsprecher tut. Das schafft jenen menschlichen Kontakt, dessen Gott sich bedient, um das Herz der Hörer zu erreichen.

Viele Lektoren machen das falsch. Kaum stehen sie am Lesepult, so sagen sie ihre Lesung herunter, wie ein Kohlenauto seinen Koks ablädt: Es rauscht eine Zeitlang, und dann ist Schluß. Aber es entsteht kein Kontakt. Es geht nicht zu Herzen, was sie sagen, weil sie keine Brücke zu den Herzen der Hörer geschlagen haben. Diese Brücke schlägt man nämlich nicht so sehr mit Worten als durch den Blick.

Sicher ist Ihnen schon einmal ein Mensch begegnet, der während der Unterhaltung immer an Ihnen vorbeigeschaut hat; dann wissen Sie, wie unangenehm das ist. Man hat den Eindruck, der sei menschenscheu und schwierig, mit ihm könne man niemals warm werden. Dasselbe Gefühl entsteht beim Hören im Gottesdienst, wenn er da vorne jemanden ans Lesepult treten sieht, der sofort seine Nase ins Buch steckt, um „seine Sache hinter sich zu kriegen". Der Hörer fühlt sich nicht angesprochen; er hört nicht auf das, was gesagt wird, sondern hat höchstens Mitleid mit dem Leser oder hofft, er sei bald fertig.

Sollen die Hörer durch das Aufschauen des Lektors spüren, daß sie gemeint sind, darf der Lektor sich auch nicht darauf beschränken (bei geneigtem Kopf), für einen Bruchteil einer Sekunde die Augenlider zu heben, sondern er muß den ganzen Kopf aufrichten und die Leute im hinteren Teil der Kirche anschauen, so daß die Blicke einander begegnen. Nur so merken die Gläubigen wirklich, daß der Lektor sie ansprechen will.

Wie oft das geschehen soll? Jedenfalls (bei einer Epistel) vor und nach dem Lesen der Überschrift. Und dann auch am

Ende etwa jedes dritten Satzes. Nicht während des Satzes, sonst verliert man den Faden, sondern am Schluß, so daß man die letzten Worte frei auf den Hörer zuspricht. Besonders bei Sätzen mit Ausrufezeichen oder bei Fragesätzen muß man so lesen. Nur so können die Gläubigen auf den Gedanken kommen, daß hier nicht die Bewohner des alten Ephesus gemeint sind, sondern sie selber. Wir nehmen in unseren Gottesdiensten ja nicht gefällig Kenntnis von allerlei Mahnungen, die Paulus früher einmal seinen Gläubigen gab, sondern durch diese Worte hindurch spricht Gottes Geist uns an. Die Mahnungen des Apostels sind ganz aktuell für uns gemeint: ,,Achtet alle, liebt einander brüderlich! Kauft die Zeit aus! Dient Gott! Wer kann euch schaden, wenn ihr eifrig seid im Guten?" Fragen Sie das die Leute in der Gemeinde – und warten Sie einen Augenblick, bevor Sie weiterfahren, damit sich diese Frage den Hörern ins Herz bohren kann. Denn jetzt sind Sie, als Lektor, Gottes Werkzeug, und Gott möchte die Leute fragen, durch Ihr Wort. Seien Sie in aller Demut ein brauchbares Werkzeug!

Auch hier gilt wieder: Nicht nur für die Leute ist das Aufschauen wichtig, sondern auch für den Lektor! Denn wie soll seine Stimme sich dem großen Raum anpassen, wenn er diesen Raum nicht in sich trägt? Und wie soll er lebendig in ihm sein, in seiner Vorstellung stehen (um unbewußt das Tempo und die Lautstärke der Stimme zu beeinflussen), wenn er ihn nicht immer wieder mit seinen Augen in sich hineinholt? Wie soll seine Stimme bis in die hinterste Bank treffen, wenn er mit seinen Augen nicht diese Bank anzielt? Er wird entweder zu kurz oder über das Ziel hinausschießen, zu leise oder zu laut, zu schnell oder zu langsam sprechen, aber niemals diesem Raum angepaßt.

Zunächst wird jeder Anfänger merken, daß ihm der Mut zum Aufschauen fehlt. Er fürchtet, den Text nicht mehr wiederzufinden. Und er fürchtet den Anblick der Leute.

Dies zweite wäre allerdings eine falsche Ängstlichkeit, denn da fehlt mir der Glaube, daß Gott bei mir ist, daß ich sein

Werkzeug bin. Wer beim Lesen Angst hat, er könne etwas falsch machen, obwohl er sich gründlich vorbereitet hat, nimmt sich selbst vielleicht zu wichtig.

Ein Rabbi pflegte vor dem Beten zu sprechen: „Ich verknüpfe mich mit ganz Israel; mit denen, die größer sind als ich, daß durch sie mein Gedanke aufsteige, und mit denen, die kleiner sind als ich, daß sie durch mich erhoben werden."

Ein anderer Rabbi erzählte: „Wenn mein heiliger Lehrer am Vortag des neuen Jahres vor dem Pult die Sühnegebete sprach, pflegte er sich zu unterbrechen, nachdem er gesagt hatte: ‚Wenn wahrhaftig sie alle umgekehrt sind mit Herz und Seele . . .' und eine Weile im Schweigen zu verharren, wonach er das Gebet wieder aufnahm. Viele wähnten, er befasse sich in jener Zeit mit stillem Lesen. Aber die Eingeweihten wußten: Er wartete, bis er merkte, daß ein jeder in der Gemeinde willens geworden war, mit Herz und Seele umzukehren."

DREIZEHNTE REGEL

Für den Hörer ist es am angenehmsten, wenn der Lektor „mit Bruststimme" spricht und singt. Darum beginne man mit natürlicher, tiefer Stimmlage und schließe unbedingt auch wieder ganz unten. Das gilt auch für Wechselgebete.

Ein ganz wichtiges Kapitel; denn immer wieder verführt uns der große Kirchenraum dazu, die Stimme zu heben, um besser durchzudringen. Gewiß wird unsere Stimme lauter, wenn wir mit „erhobener" Stimme sprechen (so wie man auch mit einem Gartenschlauch weiter spritzen kann, wenn man ihn vorne zukneift). Aber wir zahlen dafür einen viel zu hohen Preis.

Erstens werden, wenn wir anhaltend zu hoch sprechen, unsere Stimmbänder überanstrengt. Und das tut ihnen nicht gut. Man kann nun einmal nicht auf einem Cello Violine spielen.

Außerdem überträgt sich die Anstrengung auf die Hörer. Eine hohe Stimme zermürbt, während eine tiefe Stimme beruhigt. Wir sprechen nicht umsonst vom „Brustton der Überzeugung". Die tiefe Stimmlage signalisiert Ruhe, Sammlung und Sicherheit. Stimme und Stimmung gehören untrennbar zusammen.

Zweitens geraten wir bei überhöhter Stimmlage, ehe wir uns versehen, in den gefährlichen Lesesingsang. Hat man nämlich erst einmal mit der Stimme eine gewisse Höhe erklommen, so ist es sehr schwer, von dieser Höhe wieder herunterzukommen. Dann bleiben die letzten Worte eines Satzes meist nur in halber Höhe hängen – der fromme Leierton ist fertig.

Besonders gefährlich sind für den Vorbeter alle Gebete, die er nur anzustimmen hat, damit die Gemeinde die zweite Satzhälfte sprechen könne, z. B. der Versikel zum Eingang:

V: Unsere Hilfe ist im Namen des Herrn
G: Der Himmel und Erde gemacht hat.

Weil hier kein Satzzeichen steht oder weil sie sich auf den nachfolgenden Relativsatz hinbeziehen möchten, schließen viele Vorbeter frei schwebend in der Luft oder betonen gar:

Unsere Hilfe ist im Namen dés Herrn, (der . . .)

Dies ist aber eine künstliche und krampfhafte Sinnunterstellung, die der Schlichtheit von Grußformeln und Eröffnungsworten widerspricht. Außerdem erweckt man den peinlichen Eindruck, als wolle man mit diesem hohen Tonabschluß die Leute antreiben, in das Gebet einzustimmen. Das ist aber einer mündigen Gemeinde unwürdig und so überflüssig wie die schnarrende Stimme eines Feldwebels oder die Leiermelodie der Zugschaffner: ,,Die Fahrkarten, bitté! Nòch jemand ohne Fahrschéin?‟

Der ,,fromme Tonfall‟ ist also in Wahrheit keineswegs fromm, sondern nur die kirchliche Ausgabe jener Unarten und Mätzchen, die sich auch andere berufliche Sprecher im Lauf der Zeit zulegen.

Darum sollten wir zu den Menschen so sprechen, daß sie unserer Stimme anmerken können: Wir sind keine Routiniers.

Die Menschlichkeit, die hier gemeint ist, kann keine geringfügige Sache sein, wenn Gott Mensch geworden ist, um uns zu erlösen, und wenn diese Erlösung im Gottesdienst gegenwärtig werden soll.

Ist in Jesus Christus ,,die Güte und Menschlichkeit unseres Gottes erschienen‟ (Titus 3, 4), so muß sie auch im Gottesdienst erscheinen.

Darum die Liturgiereform und darum auch unsere Überlegungen. Die Menschen dürfen sich in der Kirche nicht mehr fremd fühlen. Sie sollen – ohne umständliche Erklärungen – verstehen, was gemeint ist und wie es gemeint ist. Wie aber etwas gemeint ist, hört man vor allem daran, wie es gesagt wird.

Paulus sagt: „Wir kommen nicht als Herren über euern Glauben, sondern als Diener an eurer Freude" (2 Kor 1, 24).

Die Bruststimme (die sog. „Indifferenzlage") ist auch die tragende Achse des liturgischen Sprechgesangs (beim Singen von Psalmversen, Litaneien, Grußformeln, Gebeten). Hier steht die Musik ganz im Dienst des Wortes, ist deshalb betont schlicht („Rezitativ").

Allerdings mindert das Singen zunächst einmal die Verständlichkeit. Der klingende, im Kirchenraum schwingende Ton deckt gern die Konsonanten (Mitlaute) zu. Man hört nur noch, daß etwas gesungen wird, aber nicht mehr was. Vor allem geht durch die vorgeschriebene Singmelodie der natürliche Tonfall des Sprechens verloren, der so viel dazu beiträgt, den Sinn eines Satzes leicht zu erfassen (Regel 3 und 9). So kann beim Singen die Verkündigung des Wortes Gottes leicht der Feierlichkeit zum Opfer fallen. Die Gläubigen hören Musik statt Gottes Wort.

Wie läßt sich diese Verdunkelung des Wortes beim Singen vermeiden? Kann man auch so singen, daß der Ton die Sprache eher unterstützt als überdeckt?

Vor allem darf man nicht zu hoch singen. Viele machen, wenn sie vom Sprechen ins Singen überwechseln, einen Sprung nach oben. Dies hohe Singen strengt ihre Stimme dann so an, daß sie die ganze Aufmerksamkeit darauf richten, den hohen Ton zu halten, und die deutliche Aussprache darüber vernachlässigen. Satt dessen käme es darauf an – ohne Bruch und ohne Sprung nach oben –, aus der Sprech- in die Singstimme überzugehen (probieren Sie das: einen Satz sprechend beginnen und dann genau in der gleichen Tonhöhe zu Ende singen); dann strengt das Singen nicht an, Hals und Mund sind entspannt, und alle Worte kommen deutlich und leicht verständlich heraus.

Sodann muß unbedingt der Sprechrhythmus erhalten bleiben, die normale, natürliche Betonung der Worte (vgl. oben Regel 7 und 8). Diese Sprechbetonung ist beim Singen gefährdet, weil die Melodie beim Singen vorgeschrieben ist. Sie verlangt oft, einen halben Satz (einen Sinnschritt) auf einem einzigen Ton zu singen, mitsamt dem sinnübertragenden Wort, das man beim Sprechen etwas höher oder tiefer nehmen würde. Tonhöhenveränderung fällt beim Singen mindestens teilweise als Betonungsmittel aus.

Es bleiben jedoch die beiden anderen Möglichkeiten: die betonten Silben etwas lauter und etwas gedehnter zu singen als die unbetonten, auch wenn das Notenbild mit den gleichförmigen Notenköpfchen dazu verführt, alle Silben ganz genau gleich lang zu singen. Zum liturgischen Singen in deutscher Sprache gehört der beschwingte natürliche Sprechrhythmus.

Schließlich sind gerade beim Singen die richtigen Pausen unentbehrlich, soll der Zuhörer den Text verstehen. Vielen Lektoren wird hier zum Verhängnis, daß sie unbesehen jedes Komma als Pausenzeichen betrachten, ganz gleich, ob hier ein Sinnschnitt zu Ende ist oder nicht (vgl. oben Regel 4 bis 6). Benützen Sie am Anfang nur Lesetexte zum Singen, deren Noten ausgeschrieben sind, und halten Sie sich streng an die dort eingezeichneten Atempausen (am Ende eines Sinnschrittes oder, zum kurzen Nachatmen, wenigstens am Ende eines Wortblockes: Regel 6).

Zum gesungenen Vortrag der Lesungen gehört also noch mehr Vorbereitung als zum gesprochenen. Singen ist ja ein Ausdruck der Freude und Beschwingtheit, die wir nur aufbringen, wenn wir sicher sind.

Ein Mensch, der lehrt und nicht tut, was er lehrt, gleicht einem Brunnen: Alle tränkt und wäscht er, sich selbst aber vermag er nicht zu reinigen.

VIERZEHNTE REGEL

Eine sorgsame Aussprache vermittelt den Hörern den Eindruck, daß der Lektor den Text und sie selbst ernst nimmt. Andererseits darf die Aussprache kein störendes Eigengewicht bekommen; sie sollte weder affektiert klingen noch durch grobe mundartliche Fehler entstellt sein[1].

Wer geistig-leiblich gesammelt, inhaltlich klar und für den Hörer redet, spricht von vornherein auch besser aus.

Man wende sich zunächst an die Hörer, die am weitesten entfernt sitzen. Sie sollen dem Sinn der Rede mühelos lauschen können. Dringt man nicht durch, so spreche man nicht lauter und höher, sondern langsamer und mit genauerer Lautbildung.

Die deutsche Lautungsgrundlage, um die alle Lautung herumspielt, drängt die Zunge nach vorn, so daß die Spitze die unteren Schneidezähne berührt und der vordere Zungenrücken leicht gehoben erscheint. Von hier aus werden die Silben entschieden und „nach vorn" gegriffen.

Die alte Unterscheidung von Selbstlauten (Vokalen) und Mitlauten (Konsonanten) ist unzureichend. Wir unterscheiden Selbstlaute *(a, e, i, o, u),* Umlaute *(ä, ö, ü),* Zwielaute *(au, ei, eu),* Nasenlaute *(m, n, ng),* Verschlußlaute weich *(b, d, g)* und hart *(p, t, k),* Fließlaute *(l, r)* und Reibelaute *(f, w, j, ch, sch, h).*

Wir können die S e l b s t l a u t e vorwiegend mit den Lippen und mit der Zunge bilden; der Kiefer braucht sich kaum zu bewegen. Die dunklen Selbstlaute *(o* und *u)* spricht man mit

---

[1] Die folgenden Merksätze wurden mit freundlicher Genehmigung des Autors fast wörtlich übernommen von Prof. Dr. Christian Winkler, Lautreines Deutsch, Westermann-Verlag Braunschweig, 5. Aufl. 1963, sowie aus seinen „Merksätzen zur deutschen Aussprache" in: Deutsche Sprechkunde und Sprecherziehung, Schwann-Verlag Düsseldorf 1954, 325 ff.

kräftiger Lippenstülpung wie beim *sch*; z. B.: *Schoß, Zug, Bucht, Alleluia, Sohn.*

Man scheide deutlich langes *e* und *ä*; z. B.: *Seele – Säle.* Das *ä* ist viel offener. Kurzes geschriebenes *e* fällt dagegen mit kurzem geschriebenem *ä* zusammen: *Felle = Fälle.* Die Endungen *-em, -en, el* und die Vorsilben *be-* und *ge-* sprechen wir mit kurzem, tonschwachem *e*, aber noch deutlich als Silbe; wir lassen sie leicht fallen: *kómmenden* – nicht: *komnnd!* Die Endsilbe *-er* ist etwas offener: *Vater = Vátär.*

Wörter wie *Gras, Glas, Grab, Tag, Lob, Hof* sind lang! (neuhochdeutsche Dehnung in offener Silbe).

Alle vokalischen Silbenlaute werden neu eingesetzt: *'Ab'art, 'Erz'engel, 'er'innern.* Dieser Einsatz darf keineswegs knallen noch gehaucht werden, sondern wird leicht, aber sicher gegriffen: *'ewig, 'Amen.*

Alle deutschen Z w i e l a u t e „fallen", d. h., sie werden am Anfang stärker als am Schluß gesprochen. Das *au* gleitet von einem dunklen *a* über *o* bis an die Grenze des *u*; das *ei* (geschriebene *ei, ai, ey* und *ay* sind lautlich gleich) vom mittleren *a* über *ä* bis zu *e*; das *eu* (ebenso *äu* und *oi*) vom offenen *o* über *ö* zu *ü* oder *i*. Darum sprich *Baum = Baoum, Heil = Hael, Geist = Gaest, heute = hoöte.* (Zur exakten Beschreibung dieser Laute müßte man freilich die Zeichen der internationalen Lautschrift verwenden.)

ng ist ein einheitlicher N a s e n l a u t wie *m* und *n,* also *ging* – nicht *ginkg; Pfingsten* – nicht *Pfingksten; Angst, Gefängnis.*

Wenn die V e r s c h l u ß l a u t e genau gebildet werden, gewinnt die Rede außerordentlich an Verständlichkeit. Die weichen Verschlußlaute *b, d, g* sind im Anlaut *(Brot, Buch)* und zwischen Selbstlauten *(haben, Bibel)* stimmhaft; im Auslaut dagegen – besonders vor einem anderen Mitlaut – stimmlos, verhärtet und behaucht wie die harten Verschlußlaute *p, t, k,*

z. B.: *Tag = Takh, Jagd = Jakhth, gelegt = gelekhth, Hand = Hanth, Kind = Kinth.*

Die harten Verschlußlaute p, t, k sollte man recht entschieden sprechen, mit Verschlußsprengung. Sie sind im Anlaut vor betontem Selbstlaut wie im Auslaut scharf, aber ganz knapp behaucht: *tun = thun; tat = thath.*

g darf nie zu einem Reibelaut werden; also *Weg* nicht *Wech; Wagen – nicht Wachen; trug – nicht truch.* Nur die Endsilbe *ig* wird im Auslaut zu *-ich: Heilig = heilich, beleidigt = beleidicht.* Folgt dem *ig* ein Selbstlaut oder ein *ch* in der folgenden Silbe, so bleibt es Verschlußlaut: *Könige, königlich, Königreich;* aber : *mannigfaltig = mannichfaltich.*

Die R e i b e l a u t e soll man gut unterschieden aussprechen; *ch* als Laut sei hell (ganz vorn am oberen Zahnfleisch), *sch* sei dunkel (mit kräftiger Lippenstülpung). Auch *j* hat ein deutliches Reibegeräusch und darf nicht zum *i* oder stimmlos werden: *ja* – nicht *ija* oder *cha.* Den Ach-Laut soll man nicht im Halse bilden.

s soll hoch, fein und spitz klingen. Dabei sollten, wie beim Lächeln, die Zähne sichtbar werden! Es ist weich und stimmhaft vor Selbstlauten *(Seele)* und zwischen stimmhaften Lauten *(Insel, also, unser),* sonst stets stimmlos, z. B.: *hoffnungslos, Haus, geißeln. st* und *sp* sind im Anlaut vor betontem Selbstlaut *scht, schp: Stein = Schtein, Spalt = Schpalt, gestehen = geschteen;* im In- und Auslaut dagegen *s-t, s-p: Hast, Knospe.*

h wird nur im Anlaut vor betontem Selbstlaut und in Nebensilben *(-haft und -heit)* gesprochen: *Herr, Hilfe, Hoheit, glaubhaft.* Das Dehnungs-*h* dagegen ist stumm: *Weh = We; Ehe = Ee; nahe = nae; sehen = seen; fliehen; gehen; Höhe.*

Der F l i e ß l a u t *r* soll einen vorangehenden Selbstlaut nicht öffnen: *der Berg* – nicht *dea Beag.* Die Lippen bleiben bei *u* und *o* vor *r* gestülpt, bis das *r* erscheint: *Uhr* – nicht *Uer; Tor* –

nicht *Toar.* Das Zungen-*r* soll, wo es noch lebendig ist, möglichst erhalten werden. Das Zäpfchen-*r* darf nicht stimmloser Ach-Laut werden: *Garten* — nicht *Gachten; durch* — nicht *duoch.*

Wie das *r* so wirkt auch das *l* oft auf den vorangehenden Selbstlaut ein, verdumpft ihn (wie im Englischen) und zieht damit die gesamte Lautbildung in die Gefahrenzone des Schlundes zurück. *Bild, Geld, Wolken, Geduld* mit entspannter Mittelzunge „nach vorn" greifen!

Die Hochsprache zieht, genau wie die Alltagssprache, in Worten und Wortblöcken (d. h. den kleinsten, wie ein Wort gesprochenen Sinneinheiten) gleichartige Laute zusammen, die von der Schrift und von der „Diktatsprache" getrennt werden. *Wandtafel* — nicht *Want'tafel; vielLiebe* — nicht *viel'Liebe; sehrruhig* — nicht *sehr'ruhig.*

Ebenso werden Verschluß- und Reibelaute verbunden: *hält sich* = *hältsich; gab viel* = *gapfiel.*

Wenn jedoch Verschlußlaute zusammenstoßen, die an verschiedenen Stellen gebildet werden, so soll keiner ausfallen: *Nordpol* = *Nort-pol* (dagegen *Nordtor*); *Bittgebet* = *Bitt-gebet* (dagegen *Bittage*).

Rabbi Mendel lehrte: „Jedes Wort (der Schrift) ist eine vollkommene Gestalt, und wer die Laute des Wortes den Dämonen hinwirft, der tut an ihm, wie wer sich wider seinen Nächsten aufmacht und ihn erschlägt."

FÜNFZEHNTE REGEL

Auch der Umgang mit Verstärkeranlagen will gelernt sein. Es sind hochempfindliche technische Geräte, die mit Verstand und Feingefühl gebraucht werden müssen. Sonst stören sie mehr, als sie helfen.

Verstärkeranlagen an sich sind nichts Neues. Die alten Römer bauten halbrunde, kuppelgewölbte Nischen (Apsiden) an ihre Basiliken. Die fränkischen Könige ließen mitten in der Landschaft steinerne Hallen errichten (einige stehen heute noch), um zu Tausenden sprechen zu können. Solche Nischen oder Hallen wirken nämlich auf die Töne wie der Spiegel des Autoscheinwerfers auf das Licht der Glühbirne: Sie bündeln den Schall, fassen ihn zusammen und lenken ihn in die Richtung, wohin er gehen soll. Auch der Schalldeckel der Kanzel ist ein „Lenkspiegel", der dafür sorgt, daß der Schall aus dem Mund des Predigers nicht nach oben wegschweben kann und verlorengeht.

Außerdem ist jeder Hohlraum – auch das Innere einer Kirche ist ein solcher Hohlraum! – von Natur aus ein Verstärker. Je nach Größe, Volumen und Bauart hat jeder Raum eine oder mehrere Eigenschwingungen", Tonhöhenbereiche, die er aufnimmt und in sich selbst hin- und herbewegt, wohingegen er andere Bereiche von Tönen, auf die er nicht „eingestimmt" ist, untergehen läßt, indem er sie verschluckt. So wirkt der Kirchenraum mit dem Sprecher zusammen wie der Körper einer Baßgeige mit den Saiten.

Jede richtig gebaute Kirche ist akustisch so auf Sprache und Gesang zugeschnitten, daß darin die Verständlichkeit ganz von selbst „funktioniert", wenn Lektor und Prediger sich nur halbwegs auf den Raum einstellen.

Darum sind viele der Verstärkeranlagen, die in den letzten beiden Jahrzehnten eingebaut worden sind – fast in jede auch noch so kleine Kirche –, völlig überflüssig. Außer den Umsätzen der Herstellerfirmen haben sie nichts verbessert.

Aber es gibt natürlich auch Kirchen, die nur bestimmte (meist tiefere) Töne so verstärken und lange in sich festhalten – man nennt das den ,,Nachhall" –, daß die übrigen Töne der Sprechmelodie buchstäblich ,,überdeckt" werden und nicht mehr gehört werden können. Und dann wird es kritisch; denn gerade die hohen Tonlagen machen die menschliche Sprache verständlich. In manchen modernen Kirchen mit Backsteinwänden oder mit Sichtbeton werden zwar nicht die tiefen Töne verstärkt, wohl aber die hohen verschluckt. Das Singen ist in diesen Kirchen oft eine Qual und verständlich zu sprechen sehr schwierig.

Die moderne Elektronik hat nun mit ihren Verstärkeranlagen Möglichkeiten der Abhilfe für solche Fälle geschaffen. Mit ihrer Hilfe kann man diejenigen Tonhöhenbereiche künstlich verstärken, die der Kirchenraum von sich aus nicht verstärkt oder gar unterdrückt. (Wohlgemerkt: n u r diese Tonhöhenbereiche, nicht wahllos alle! Sonst würde es ja genügen, einfach lauter zu sprechen. Jeder, der das einmal probiert hat, weiß genau, daß dadurch das Übel nur größer wird: Jetzt hallt es erst recht!)

Eine solche Anlage besteht aus dreierlei Bauteilen: einem oder mehreren Mikrophonen, dem Verstärker und einem oder mehreren Lautsprechern.

Mit den L a u t s p r e c h e r n hat der Lektor nichts zu tun; sie sind fest eingebaut. Der Fachmann, der das besorgt hat, hat sie genau dort montiert, wo die ,,toten Winkel" des Raumes sind, die Stellen, wo der Raum Töne verschluckt. Das hat viele Tage gedauert, denn es mußte probiert, gemessen, verändert und wieder neu probiert werden. Nun hängen sie da, mehr oder weniger sichtbar, und tun ihren Dienst. Sie tun ihn richtig, wenn sie ihren Namen Lügen strafen: Ein Lautsprecher, der vernehmbar laut spricht, ist (am Verstärker) falsch eingestellt. Eine Lautsprecheranlage ist um so besser, je weniger man hört, daß es sie gibt!

Das Mikrophon ist ein Allesfresser. Alle Schallereignisse, die sich vor ihm abspielen, schluckt es und gibt sie an den Verstärker weiter – meist durch ein Kabel, bei ganz teuren Anlagen sogar drahtlos. Es registriert auch, was ein menschliches Ohr barmherzig oder geflissentlich überhört: jeden tiefen Atemzug, jeden Sprechfehler, jede Dialektfärbung der Sprache, das Rascheln beim Seitenumblättern und das Ticken der Armbanduhr – wenn sie ihm nahe genug kommt. Denn das ist eine weitere Eigenheit jedes Mikrophons: Die Lautstärke wächst nicht langsam und kontinuierlich, sondern im Quadrat der Annäherung an den Mikrophonkopf. Kommt der Mund des Sprechers dem Mikrophon 10 Zentimeter zu nahe, peitscht die Stimme aus den Lautsprechern; weicht der Sprecher erschrocken 20 Zentimeter zurück, so versteht man schon fast nichts mehr.

Weil aber keine Kirchengemeinde sich einen eigenen Toningenieur leisten kann, der, wie beim Rundfunk, hinter einer Glasscheibe in einer Kabine sitzt und alle diese Tonschwankungen am Reglerpult aussteuert, muß der Lektor sein eigener Steuermann sein, d. h., er muß immer ruhig im gleichbleibenden Abstand von etwa 30 Zentimetern von oben herab in den Mikrophonkopf hineinsprechen.

Stellen Sie sich einen Blockflötenspieler vor: Er hält seine Flöte in einem Winkel von etwa 45 Grad vom Körper weg. Dem unteren Ende der Flöte entspricht in etwa der Mikrophonkopf. Dann klingt es am besten (von den Spezialmikrophonen zum Umhängen oder Anstecken können wir hier absehen). Stellen Sie also vor dem Gottesdienst das Mikrophon auf die richtige Höhe ein; während des Gottesdienstes erzeugt das Hantieren am Mikrophon häßliche Eigengeräusche.

Texte, die die Leute beten (z. B. das Gloria, das Glaubensbekenntnis, den Eingangsvers), sollte man nicht durchs Mikrophon mitbeten, sonst erschlägt der Lautsprecher das Gebet der Leute. Aus dem gleichen Grund sollte man die Lieder der Gemeinde nicht vor dem Mikrophon mitsingen. Entweder man verzichtet auf das Singen, oder man tritt einen Schritt vom Mikrophon zurück.

Schließlich: Auch der beste Verstärker kann die Stimme eines Sprechers nicht leiser machen! Mit einiger Übung kann man schon während des ersten Satzes selber herausfinden: Ich muß etwas langsamer werden, ich muß mit dem Kopf fünf Zentimeter zurück, weil ich eine Kleinigkeit zu laut bin . . . Darum sollten wir insgesamt ruhig und eher leise sprechen, wie zu Hause am Wohnzimmertisch. Dann werden die Töne, die der Raum von sich aus verstärkt und schwingen läßt, von selbst laut genug. Für alle anderen Töne aber ist der Verstärker da. Der muß nur auf die Töne eingestellt sein, die er verstärken soll.

Mit dem V e r s t ä r k e r hat der Lektor normalerweise nichts zu tun; er sollte lediglich den Schalter kennen, mit dem man die Anlage einschaltet (dann leuchtet ein rotes Licht), falls es der Küster einmal vergißt. Man hüte sich aber, an den Knöpfen zu drehen! Denn die richtige Einstellung ist längst ausprobiert worden und (am besten) an den Skalen der Knöpfe markiert. Die Einstellung des Verstärkers geschieht so:

Während alle Knöpfe am Verstärker auf Null stehen (wenn die Skalen an den Reglern für Tiefen und Höhen nicht von einem Minuswert über Null zu einem Pluswert gehen, sondern nur von Null an aufwärts, so stellt man die mittlere Zahl ein), liest der Lektor am Lesepult in der leeren Kirche (!) eine längere biblische Geschichte, z. B. 1. Mose Kapitel 1–3. Er beginnt so laut, als wäre die Kirche bis zum letzten Platz gefüllt. Das wird einen kräftigen Nachhall geben, wird dröhnen und sich überschlagen. Langsam geht er dann mit der Stimme so weit zurück, bis er so leise spricht, daß kein Nachhall mehr auftritt. Ob er dann in den letzten Bänken noch zu verstehen ist, spielt keine Rolle. Während nun der Lektor in der nachhallfreien

Lautstärke unverändert weiterliest, wird der Lautstärkeregler langsam aufgedreht bis zu dem Punkt, an dem wieder ein Nachhall in der Kirche auftritt. Das darf der Lektor aber nicht dadurch ausgleichen, daß er leiser liest! Vielmehr wird, sobald dieser Punkt erreicht ist, der Baß- oder Tiefenregler so weit in das Minusfeld (bzw. gegen Null zu) gestellt, daß der Nachhall wieder verschwindet. Zuletzt stellt man den Höhenregler langsam so weit auf Plus, als nötig ist, um nun erst (!) den Lektor auch im letzten Winkel der Kirche deutlich zu verstehen. Damit ist die richtige Einstellung gefunden, bei der es ein für allemal bleibt.

Man muß die Anlage dann nur noch den unterschiedlichen Besetzungsverhältnissen in der Kirche anpassen. Bis zur halbvollen Kirche braucht man gar nichts zu ändern. Sind noch mehr Leute da, dann gibt man nur noch etwas mehr Lautstärke zu. Und wenn die Kirche ganz gefüllt ist, kann man zu einem Mehr an Lautstärke auch noch ein klein wenig Mehr an Tiefen geben, also den Tiefenregler leicht aus dem Minus zurückdrehen. Das gilt für „überakustische" Kirchen, bei denen das Problem der Nachhall ist. Im umgekehrten Fall, bei allzu „trockener" Akustik, wird der Höhenregler meist auf Null stehenbleiben können. Nur in Ausnahmefällen wird es nötig sein, mit dem Baßregler bis in das Plusfeld hinaufzugehen (bzw. über die Hälfte der Skala hinaus).

Keinesfalls aber dürfen solche Korrekturen vorgenommen werden, während der Lektor oder Priester im Gottesdienst gerade das Mikrophon benützt. Der Störeffekt solcher Manipulationen ist erheblich größer als der Schaden einer nicht ganz günstigen Akustik, die ein sensibler Sprecher stimmlich ausgleichen kann bzw. auf die sich die Gläubigen innerlich einstellen.

Was ich euch im Dunkeln sage, das sagt bei hellem Licht weiter. Und was man euch ins Ohr flüstert, das verkündet von den Dächern! Mt 10, 26

WENN IHR ALLES GETAN HABT . . .

Wer alles getan hat, was hier geraten worden ist, der kann sich etwas einbilden; denn er liest erheblich besser als die anderen Lektoren. Er kann auch die andern fachmännisch kritisieren, ihnen mit diesem Büchlein in der Hand schwarz auf weiß nachweisen, gegen welche Grundregel sie verstoßen.

Er kann aber auch an das Wort des Herrn denken: ,,Und wenn ihr alles getan habt, was euch befohlen ist, so sagt: Wir sind unwürdige Knechte" (Lk 17,10). Wir sind unwürdige Knechte, weil das Ziel unserer ganzen Mühe – die Herzen der Menschen anzurühren, umzuwenden und aufzurichten – ja nicht von uns erreicht werden kann, sondern nur von ihm, dem Herrn, der uns in Dienst genommen hat.

Man kann auch, während man eine Lesung vorbereitet, von der Frage überfallen werden: Ja, tue ich denn das, was Paulus da rät? Befolge ich selber seinen Rat, ehe ich ihn den anderen weitergebe? Wie soll man mir denn diese Sätze abnehmen, wenn ich sie ,,bloß lese", wenn man mir nicht anmerkt, daß ich auch danach zu leben versuche?

So kann uns passieren, daß wir uns unversehens mit Paulus oder Johannes oder Jesaja im Gespräch befinden, mit den Männern, die die Worte erdacht haben, die wir nachsprechen, die die Lesung geschrieben haben und denen all das so selbstverständlich ernstgemeint war wie uns, wenn wir einen Brief schreiben. Und wir fragen: Wie habt ihr denn das gemacht? Wovon habt ihr gelebt, daß ihr so habt sprechen können? Was hat euch beschäftigt? Worüber habt ihr euch unterhalten? Was ist euch morgens eingefallen, wenn ihr wach geworden seid?

Und es könnte dann passieren, daß wir auf den Schatz im Akker stoßen. Daß wir auf einmal nicht mehr nur Zeilen und Sätze lesen, Wörter und Satzzeichen, sondern daß uns auf einmal ein Wort, ein halber Satz anspricht, so daß wir betroffen stillehalten und ihm nachdenken, so wie man im Wald einem Reh nachschaut in der Hoffnung, es zeige sich noch einmal zwischen den Tannen.

Das sind die seltenen Augenblicke, in denen der Herr spricht. Da muß man alles andere aus der Hand legen und horchen.

Er bleibt nämlich nicht. Er kommt durch verschlossene Türen, aber er entzieht sich auch wieder. Er gibt sich zu erkennen, aber eben wie er das in der Zeit zwischen Ostern und seiner Wiederkunft tut: für eine kleine Weile (Joh 16,16).

Wir wissen nicht, welchen Weg der Herr uns führt. Aber wir sollten wissen: Wer sich mit dem Wort des Herrn einläßt, der hißt Segel auf dem Schiff seines Lebens. Er kann nicht ahnen, wohin das führt, wenn erst der Wind aufsteht.

Der Wind weht, wo er will.

Präge meine Worte deinem Herzen ein und denke aufmerksam darüber nach, denn zur Zeit der Ratlosigkeit bist du auf sie angewiesen.

Was dir beim Lesen dunkel bleibt, wird klar am Tage der Heimsuchung.

TEXTNACHWEIS

Die Texte Seite: sind entnommen:

| 10 | Martin Buber, Die Legende des Baal Schem, Manesse-Verlag, Zürich 1955 36, 55. |

29, 33, 37, 44, 54, 62   Martin Buber, Die Erzählungen der Chassidim,
Manesse-Verlag, Zürich 1949
598, 259, 345, 259, 597.

45   Cyprian von Karthago, Epistola 38, hg. von G. Hartel, CSEL 3, 2 (1871)
580.

13, 58   Sprüche der Väter, hg. von P. Bonifatius OSB: Geist und Leben der Ostkirche, Bd. III, Styria Graz 1963
34, 178.

11, 48   H. L. Strack u. P. Billerbeck, Kommentar zum Neuen Testament aus Talmud und Midrasch, Bd. IV, München 1956
158, 161.

69   Thomas von Kempen, Nachfolge Christi, III, 1.

Dem Verlag Herder sei für die Aufnahme der Textbeispiele aus der neuen dreibändigen Schott-Ausgabe (1982) gedankt:

SCHOTT-Meßbuch für die
Sonn- und Festtage des Lesejahres A,
Verlag Herder, Freiburg—Basel—Wien
1983

ÜBUNGSTEXTE

Im folgenden sind einige mittelschwere Texte zu Übungs-
zwecken durchnotiert. Die Notierung folgt den oben aufge-
führten Regeln; wo sie auf den ersten Blick wenig plausibel zu
sein scheint, frage man sich, ob darin eine bestimmte Inter-
pretation des Textes zum Ausdruck kommt (die man nicht unbedingt teilen muß). Dabei spielt auch der Texttyp eine Rolle:
Ein Erzähltext will natürlich anders gelesen sein als ein pro-
phetischer Drohspruch oder ein paulinisches Wort des Tro-
stes und der Ermutigung.

Zum Selbststudium sei empfohlen, zunächst den Text in der
Schottausgabe aufzusuchen und – noch ohne Notierung – auf
Tonband zu sprechen. Danach könnte man den Text mit Bleistift durchnotieren und einen zweiten Sprechversuch machen.
Dann erst sollte man den hier vorgelegten Notierungsvorschlag zu Rate ziehen, mit der eigenen Notierung vergleichen,
und den dritten Sprechversuch wiederum auf dem Tonband
festhalten. Beim Abhören des Tonbandes ist dann unschwer
festzustellen, welche Passagen gut und welche noch korrektur-
bedürftig sind.

Soweit sich der präsentierte Notierungsvorschlag (linke Seite)
nicht mit der Textgliederung des Lektionars (rechte Seite)
deckt, kommt darin eine unterschiedliche Textinterpretation
zum Ausdruck. Dies zeigt, wieviel Freiheit dem Lektor in der
Anwendung der Regeln bleibt!

1 Kön 19, 8b–9a. 11–13a.
Zum 19. Sonntag im Jahreskreis A

Lesung aus dem Buch der Könige. |∧ Elija kam zum Gottes-
berg Horeb. ∧ Dort begab er sich in eine Höhle, ⌐ um darin
zu übernáchten. ∧ Der Herr rief ihm zu: Komm heraus ↾ und
stell dich auf den Bèrg ' vor den Hérrn! |∧ Da zog der Herr vor-
über: ∧ Ein starker, heftiger Sturm, der die Berge zerriß ' und
die Felsen zerbrach, ' ging dem Herrn voráus. ↾ Doch der
Herr war nicht im Sturm. |∧ Nàch dem Sturm ' kam
ein Érdbeben. ∧ Doch der Herr war nicht im Érdbeben. ∧
Nach dem Bèben ' kam ein Féuer. ↾ Doch der Herr war nicht im
Féuer. ∧ Nàch dem Feuer ⌐ kam ein sanftes, ' leises ' Sáu-
seln. |∧ Als Elija dieses hòrte, ⌐ hüllte er sein Gesicht in den
Mántel, ↾ trat hinaùs ⌐ und stellte sich an den Eingang der
Höhle. |∧

In jenen Tagen
kam Elíja zum Gottesberg Horeb.
Dort ging er in eine Höhle,
um darin zu übernachten.
Doch das Wort des Herrn erging an ihn:
Komm heraus,
und stell dich auf den Berg vor den Herrn!

Da zog der Herr vorüber:
Ein starker, heftiger Sturm,
der die Berge zerriß und die Felsen zerbrach,
ging dem Herrn voraus.
Doch der Herr war nicht im Sturm.
Nach dem Sturm kam ein Erdbeben.
Doch der Herr war nicht im Erdbeben.
Nach dem Beben kam ein Feuer.
Doch der Herr war nicht im Feuer.

Nach dem Feuer
kam ein sanftes, leises Säuseln.
Als Elíja es hörte,
hüllte er sein Gesicht in den Mantel,
trat hinaus
und stellte sich an den Eingang der Höhle.

Ez 18, 25—28.
Zum 26. Sonntag im Jahreskreis A

Lesung aus dem Buch Ezechiel. |⋏ Ihr sagt: Das Verhalten des Herrn ist nicht ríchtig. ⋏ Hört doch, ihr vom Haus Israel: ⫯ Mein Verhalten soll nicht richtig sein? ⫰ Nein, ⋏ éuer Verhalten ist nicht richtig. |⋏ Wenn der Gèrechte ⫯ sein rechtschaffenes Leben àufgibt ⫯ und Únrecht tut, ⌐ muß er dafür stérben. |⋏ Wegen des Ùnrechts, das er getan hat, ⌐ wird er stérben. |⋏ Wenn sich der Schùldige ⫯ von dem Unrecht ábwendet, das er begangen hat, ⌐ und nach Recht und Geréchtigkeit handelt, ⌐ wird er sein Leben bewáhren. ⋏ Wenn er alle seine Vergehen eínsieht, deren er sich schuldig gemacht hat, ⫯ und sich bekéhrt, ⌐ wird er am Lében bleiben. ⋏ Er wird nicht stérben. |⋏

So spricht der Herr:
Ihr sagt: Das Verhalten des Herrn ist nicht richtig.
Hört doch, ihr vom Haus Israel:

Mein Verhalten soll nicht richtig sein?
   Nein, euer Verhalten ist nicht richtig.

Wenn der Gerechte
   sein rechtschaffenes Leben aufgibt und Unrecht tut,
   muß er dafür sterben.
Wegen des Unrechts, das er getan hat, wird er sterben.
Wenn sich der Schuldige
   von dem Unrecht abwendet, das er begangen hat,
   und nach Recht und Gerechtigkeit handelt,
   wird er sein Leben bewahren.
Wenn er alle Vergehen, deren er sich schuldig gemacht hat,
   einsieht und umkehrt,
   wird er bestimmt am Leben bleiben.
Er wird nicht sterben.

Jesus Ꞌ sprach zu den Hohenpriestern Ꞌ und Ältesten des Volkes: Was meint ihr? ⋀ Ein Mann hatte zwei Sőhne. ⏽⋀ Er ging zum ersten ⋏ und sprach: Mein Sohn, Ｙ geh ⌐ und arbeite heute im Wéinberg! ⋀ Er antwortete: Já, Herr, ⋀ er gìng aber nicht hín. ⏽⋀ Da wandte er sich an den zwèiten Sohn und sprach ébenso. ⋀ Dieser antwortete: Ich wíll nicht. ⋀ Später aber Ꞌ tat es ihm léid, ⋏ und er ging dóch. ⋀ Wer von den beiden hat den Willen des Váters getan? ⋀ Sie sagten: Der zwéite. ⏽⋀ Da sprach Jesus zu ihnen: Ꞌ Àmen, ⋏ ich ságe euch: ⋏ Zöllner Ꞌ und Dirnen Ꞌ gelangen èher in das Reich Gottes als íhr. ⋀ Denn Johànnes Ꞌ ist gekommen, um euch den rechten Wég zu zeigen, ⋏ und ìhr Ꞌ habt ihm nicht gegláubt. ⋀ Aber die Zöllner Ꞌ und die Dirnen Ꞌ háben ihm geglaubt. ⋀ Ihr habt es geséhen, ⋏ und dennoch habt ihr Ꞌ auch später Ꞌ èuch nicht bekéhrt ⌐ und ìhm nicht gegláubt. ⏽⋀

In jener Zeit
   sprach Jesus zu den Hohenpriestern
   und den Ältesten des Volkes:

Was meint ihr?
Ein Mann hatte zwei Söhne.
Er ging zum ersten
   und sagte: Mein Sohn, geh und arbeite heute im Weinberg!
Er antwortete: Ja, Herr!,
   ging aber nicht.

Da wandte er sich an den zweiten Sohn
   und sagte zu ihm dasselbe.
Dieser antwortete: Ich will nicht.
Später aber reute es ihn,
   und er ging doch.

Wer von den beiden hat den Willen seines Vaters erfüllt?
Sie antworteten: Der zweite.

Da sagte Jesus zu ihnen:
   Amen, das sage ich euch:
Zöllner und Dirnen gelangen eher in das Reich Gottes als ihr.

Denn Johannes ist gekommen,
   um euch den Weg der Gerechtigkeit zu zeigen,
und ihr habt ihm nicht geglaubt;
aber die Zöllner und die Dirnen haben ihm geglaubt.
Ihr habt es gesehen,
und doch habt ihr nicht bereut
   und ihm nicht geglaubt.

Eph 3, 2−3a. 5−6.
Zum Fest Erscheinung des Herrn

Lesung aus dem Brief an die Epheser. |⋀ Ihr habt gehört, welches Àmt ¹ die Gnade Gottes mir ¹ für euch ¹ verlíehen hat. ⋀ Durch eine Offenbàrung wurde mir das Geheimnis mítgeteilt. ⋀ Frùher war es den Menschen nicht bekánnt; ⋀ jètzt aber ¹ ist es seinen heiligen Aposteln und Pròpheten ¹ im Geist ¹ óffenbar geworden, Γ daß nämlich die Hèiden ¹ Míterben sind, ⋀ zu demselben Léib gehören ⋀ und an derselben Verheißung ¹ in Christus Jesus ¹ téilhaben ⋀ durch das Evangélium. |⋀

Ihr habt gehört,
   welches Amt die Gnade Gottes mir für euch verliehen hat.
Durch eine Offenbarung
   wurde mir das Geheimnis Christi mitgeteilt.
Den Menschen früherer Generationen war es nicht bekannt;
jetzt aber ist es seinen heiligen Aposteln und Propheten
   durch den Geist offenbart worden:
daß nämlich die Heiden Miterben sind,
zu demselben Leib gehören
und an derselben Verheißung in Christus Jesus teilhaben
   durch das Evangelium.

Röm 9, 1−5.
Zum 19. Sonntag im Jahreskreis A

Lesung aus dem Brief an die Römer. |⋀ Ich sage in Christus die Wahrheit, ⋏ ich lüge nicht, ⋏ und mein Gewissen bezèugt es mir im Heiligen Géist: ⌐ Ich bin voll Tráuer, ⋀ unablässig léidet mein Herz. |⋀ Ich möchte am liebsten selber verflúcht ⌐ und von Christus getrènnt sein, um meine Brúder zu retten, ⋏ dìe ˈ dem Fleisch nach ˈ zu meinem Vólk gehören. ⋀ Sie sind Israelíten; ⋀ sie haben damit die Sohnschaft, ⋏ die Herrlichkeit, ⋏ die Bundesschlüsse, ⋀ ihnen ist das Gesètz gegeben, ⋏ der Gòttesdienst ⋏ und die Verheißungen, ⋀ sie haben die Väter, ⌐ und dem Fleisch nach ˈ entstammt ihnen der Chrístus. |⋀ Gott, der über allem ist, ⋏ er ist gepriesen in Ewigkeit. ⋀ Amen. |⋀

80

Ich sage in Christus die Wahrheit
und lüge nicht,
und mein Gewissen bezeugt es mir im Heiligen Geist:
  Ich bin voll Trauer,
unablässig leidet mein Herz.

Ja, ich möchte selber verflucht
  und von Christus getrennt sein
  um meiner Brüder willen,
  die der Abstammung nach mit mir verbunden sind.

Sie sind Israeliten;
damit haben sie die Sohnschaft,
die Herrlichkeit,
die Bundesordnungen,
ihnen ist das Gesetz gegeben,
der Gottesdienst und die Verheißungen,
sie haben die Väter,
und dem Fleisch nach entstammt ihnen der Christus,
  der über allem als Gott steht,
er ist gepriesen in Ewigkeit.
Amen.

Phil 2, 1–11.
Zum 26. Sonntag im Jahreskreis A

Lesung aus dem Brief an die Philipper. ∧ Wenn es eine Ermahnung in Chrìstus gibt,∧ einen Zuspruch aus Lìebe, ⌐ eine
Gemeinde des Gèistes, ∨ herzliche Zùneigung ⌐ und Er-
bármen, ∨ dann macht meine Freude dàdurch vollkommen, ∣
daß ihr gleichen Sìnn ∣ und gleiche Lìebe habt, ∧ èinmütig
und auf das éine bedacht seid, ∤ nichts aus Streitsucht ∤ und
nichts aus Prahleréi tut!∧ Sondern∧ in Demut schätze einer
den anderen hȍher ein ∣ als sich selbst! ∧ Jeder achte nicht
auf das éigene Wohl,∧ sondern auch auf das der ánderen!∧
Seid só gesinnt, ⌐ wie es das Leben in Christus Jésus
fordert! ∣∧

Jesus Christus war wie Gótt, ∧ hielt aber nicht daran fèst,
Gott gléich zu sein, ∤ sondern entåußerte sich, ∧ wurde wie
ein Sklàve ⌐ und den Ménschen gleich. ∧ Sein Lèben ∣ war
das eines Ménschen; ∧ er erniedrigte sich ∤ und war gehor-
sam bis zum Tod, ∧ bis zum Tod am Kréuz. ∣∧ Darum hat ihn
Gott über àlle erhȍht ∤ und ihm den Nàmen verliehen, der jeden Namen übertrífft,∧ damit vor dem Namen Jèsu ∧ alle
Mächte im Hímmel, ⌐ auf der Èrde ⌐ und ùnter der Erde
ihre Knie beugen, ∧ und jede Zunge bekénnt: ⌐ HÈRR IST
JESUS CHRÍSTUS, ∤ zur Ehre Gottes, des Váters. ∣∧

Wenn es Ermahnung in Christus gibt,
Zuspruch aus Liebe,
eine Gemeinschaft des Geistes,
herzliche Zuneigung und Erbarmen,
dann macht meine Freude dadurch vollkommen,
    daß ihr eines Sinnes seid,
einander in Liebe verbunden,
einmütig und einträchtig,
daß ihr nichts aus Ehrgeiz und nichts aus Prahlerei tut.
Sondern in Demut
    schätze einer den andern höher ein als sich selbst.
Jeder achte nicht nur auf das eigene Wohl,
    sondern auch auf das der anderen.

Seid untereinander so gesinnt,
    wie es dem Leben in Christus Jesus entspricht:

Er war Gott gleich,
hielt aber nicht daran fest, wie Gott zu sein,
    sondern er entäußerte sich
    und wurde wie ein Sklave
    und den Menschen gleich.
Sein Leben war das eines Menschen;
er erniedrigte sich
    und war gehorsam bis zum Tod,
bis zum Tod am Kreuz.

Darum hat ihn Gott über alle erhöht
und ihm den Namen verliehen,
    der größer ist als alle Namen,
damit alle im Himmel, auf der Erde und unter der Erde
    ihre Knie beugen vor dem Namen Jesu
und jeder Mund bekennt:
    „Jesus Christus ist der Herr"
– zur Ehre Gottes, des Vaters.

SCHRIFTTUM

Beron Richard, Deutsche Schriftlesung im Gottesdienst und ihre Sprachgestalt, Freiburg 1964.

Die Beauftragung von Lektoren, Akolythen und Kommunionhelfern in den kath. Bistümern des deutschen Sprachgebietes, Einsiedeln 1974.

Drach Erich, Sprecherziehung, Frankfurt 1953.

Höffe Wilhelm L., Zum Sprechen liturgischer Texte: Lehren und Lernen, Handreichungen für die Volksschule 2 (1965) 241–251.

Keuck Werner, Sprache und Sprechen in der Kirche: Gottes Wort im Kirchenjahr 1966, Bd. 1 u. 2, Würzburg 1965/66.

Kliem Richard, Sprechkundliche Erwägungen über gesprochene und gesungene Lesungen: Musik und Altar 17 (1965) 10–18.

Ders., Stimme, in: Sprache und Predigt, hg. von Michael Frikkel, Würzburg 1963, 237–250.

Kolbe Ferdinand, Der Lektor, in: Unser Gottesdienst, hg. von Alfons Kirchgässner, Freiburg 1960, 278–281.

Peterson Erik, Das jugendliche Alter der Lectoren: Eph. Lit. 48 (1934) 437–442.

Schnitzler Theodor, Lektor, in: LThK VI, Freiburg 1961, 936 f.

Schweinsberg Fritz, Stimmliche Ausdrucksgestaltung im Dienste der Kirche, Heidelberg 1946.

Ders., Singen und Sprechen im Gottesdienst, Heidelberg 1948.

Ders., Vorlesen, Vortragen und Erzählen, Heidelberg 1948.

Troidl August, Beim Brotbrechen, der Liturgische Sprecher beim Gemeindegottesdienst, Freiburg 1962.

Trojan Felix, Deutsche Satzbetonung, Wien 1961.

Winkler Christian, Lesen als Sprachunterricht, Ratingen 1962.